本书获河南省优势特色学科“经济管理与现代服务业学科群”资助

中国快递业发展与协同机制研究

CHINA EXPRESS INDUSTRY DEVELOPMENT AND COORDINATION MECHANISM RESEARCH

韩军涛 ◎ 著

经济管理出版社
ECONOMY & MANAGEMENT PUBLISHING HOUSE

图书在版编目（CIP）数据

中国快递业发展与协同机制研究/韩军涛著．—北京：经济管理出版社，2019.6
ISBN 978－7－5096－6687－6

Ⅰ.①中…　Ⅱ.①韩…　Ⅲ.①快递—邮政业务—研究—中国　Ⅳ.①F632

中国版本图书馆 CIP 数据核字(2019)第 124354 号

组稿编辑：杜　菲
责任编辑：杜　菲
责任印制：黄章平
责任校对：王纪慧

出版发行：经济管理出版社
（北京市海淀区北蜂窝 8 号中雅大厦 A 座 11 层　100038）
网　　址：www. E－mp. com. cn
电　　话：（010）51915602
印　　刷：三河市延风印装有限公司
经　　销：新华书店
开　　本：720mm×1000mm/16
印　　张：14.75
字　　数：212 千字
版　　次：2019 年 6 月第 1 版　　2019 年 6 月第 1 次印刷
书　　号：ISBN 978－7－5096－6687－6
定　　价：78.00 元

前言

快递行业是推动流通方式转型、促进消费升级的现代化先导性产业，是现代服务业的重要组成部分，它在降低流通成本、支撑电子商务、服务生产生活、扩大就业渠道等方面发挥了积极作用，已成为我国国民经济的重要产业和新增长点。根据国家邮政局邮政行业运行情况数据显示，在业务量方面，快递业增长速度十分迅猛。快递业对我国经济社会发展的影响日益显现。2014 年 1 月，李克强总理在陕西西安视察顺丰时指出，快递业关系经济民生，是中国经济的一匹黑马。2018 年全国规模以上快递服务企业业务量累计完成约 507.1 亿件，2008 ~ 2018 年年均增长率达到了 37.64%，我国已连续五年成为快递第一大国。

快递业在国民经济中所占的比重和作用不断提升。快递业的协调发展是保证电子商务网络购物市场平衡稳定增长的前提条件。近年来，国家对快递行业持续出台《快递业发展“十三五”规划》《快递暂行条例》《国务院办公厅关于推进电子商务与快递物流协同发展的意见》等一系列政策与法规，为快递行业稳步成长营造了良好的政策环境。

目前，我国快递市场格局划分为三部分：具备网络和运营优势的国际快递跨国企业垄断着中国国际快递市场；随着国内快递市场准入门槛的提高，具备资金和规模优势的 EMS 和顺丰速递平分国内中端快递市场份额，京东物流于 2018 年宣布加入竞争；民营快递企业如“通达系”具有成本与价格的优势，主导着 B2C 和 C2C 电子商务快递市场。本书主要研究国内快递产业的发展与协调问题。

本书以现有电子商务背景下快递业发展过程中出现的现象和问题为切入点，以快递企业与其他市场参与主体（网商、消费者以及电商平台）为主要研究对象，以研究快递企业与市场参与主体间相互作用关系、促使快递业理顺相关利益方关系为主要目标，这也是本书所研究的协同的含义。着重分析研究了以下内容：

（1）介绍了当前我国快递产业发展的现状，对行业所处阶段以及特点作了详细分析，列举探析了主要快递典型企业的核心能力，指出了当前存在的主要问题。

（2）针对电商市场快递价格波动问题，着重分析这四个主要市场参与主体（消费者、快递企业、网商以及电商平台）对快递定价机制的影响；选取电子商务产业链中网商与快递企业发生利益冲突问题，在两者交互关系基础上，建立基于代理方法的两阶段博弈模型，并对此问题进行模型化描述和讨论；最后依托共生理论，研究快递业与电商合作竞争关系，并对电商快递终端投递进行案例分析，较详细地分析了现有的投递模式与快递智能柜发展情况。

（3）研究新兴快递对传统邮政的影响，建立相关数学模型，提出我国监管机构需要借鉴其他国家的经验来制定和推行合理的政策以促进邮政普遍服务的发展和实施。最后对快递业的发展趋势进行了展望，并提出相应的对策与建议。

目　录

第一章
绪　论

一、选题背景、意义及目标

（一）选题背景及意义

目前快递业是我国的新兴行业，属于增长较快的行业之一，行业开放程度较高，所受关注程度也越来越高。根据国家邮政局邮政行业运行情况数据显示，在业务量方面，快递业增长速度十分迅猛。快递业对我国经济社会发展的影响日益显现。2014 年 1 月末，李克强总理在陕西考察顺丰时指出，快递业关系经济民生，是中国经济的一匹黑马。

快递业是服务业的重要组成部分，连接供给侧和消费侧，是推动流通方式转型、促进消费升级的先导产业，在稳增长、调结构、惠民生等方面发挥着重要作用。快递产业是为保证社会生产和社会生活消费的供给，由交通运输业、仓储转运业、电子商务等多种行业融合衍生的结果。每一次快递产业的进步与变革都离不开上述行业的推动。随着铁路、公路、航空等大交通网络、通信网络以及计算机网络的不断完善，快递产业的运营效率也越来越高，越来越精准。现代生活运行节奏不断加快，社会的人流、物流、信息流、商流、资金流等各种资源流的流动速度也不断加快。快递业在国民经济中所占的比重不断提升。“十二五”期间，我国快递业持续稳步高速增长，发展环境逐步改善，服务网络加速扩展，产品创新层出不穷，市场竞争更加充分，区域发展特征日益显著。

如图 1－1 和图 1－2 显示，2018 年全国规模以上快递服务企业业务量累计完成 507.1 亿件，同比增长 26.6%，是 2008 年全年的 33.6 倍；在规模以上企业业务收入统计方面达到了 6038.4 亿元，同比增长 21.8%，是 2008 年的 17.8 倍。其中，同城业务量累计完成 114.1 亿件，同比增长 23.1%；异地业务量累计完成 381.9 亿件，同比增长 27.5%；国际/中国

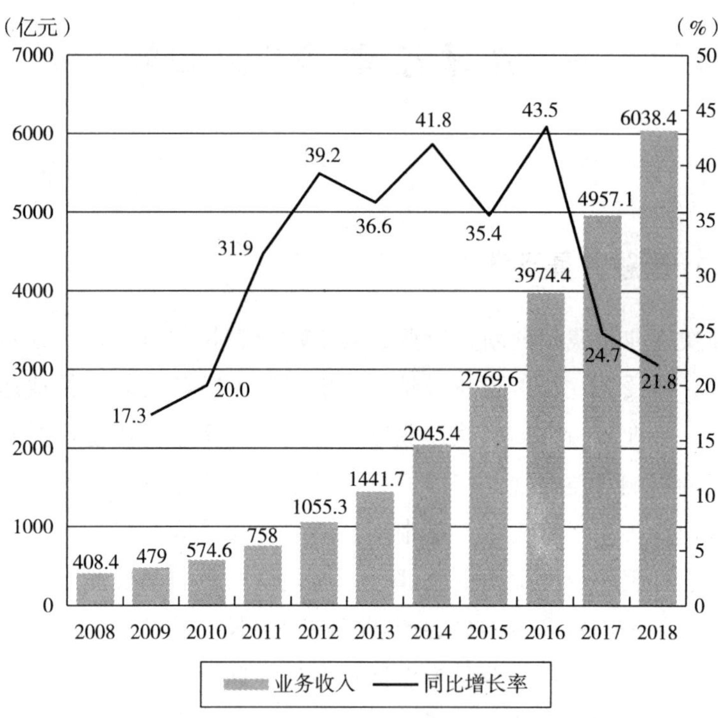

图 1－1　2008～2018 年全国规模以上快递企业业务收入统计数据

资料来源：根据国家邮政局数据整理。

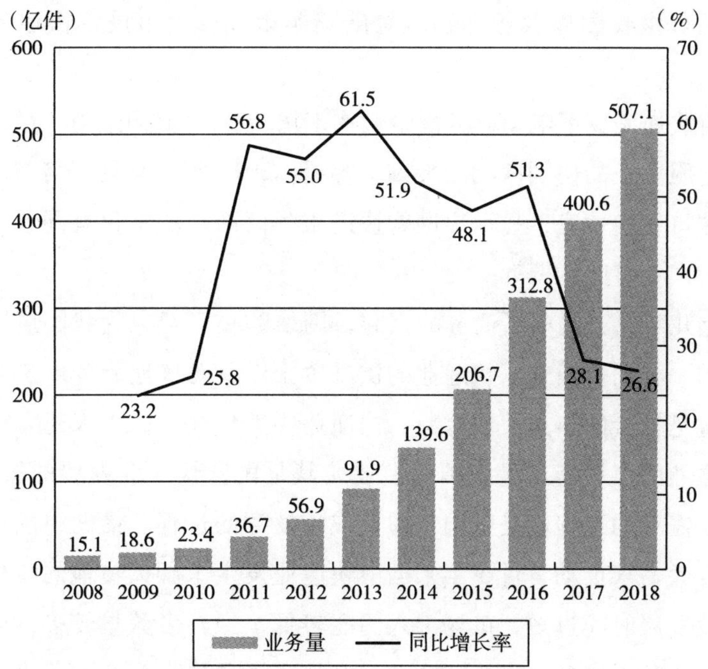

图 1-2 2008~2018 年全国规模以上快递企业业务量统计数据

资料来源：根据国家邮政局数据整理。

港澳台业务量累计完成 11.1 亿件，同比增长 34%。① 2008~2018 年年均增长率达到了 37.64%。② 中国自 2014 年开始已经连续 5 年成为全球快递第一大国。

初步形成 7 家年收入超 200 亿元、8 家年收入超 100 亿元的快递企业，快递业市场化、网络化、规模化、品牌化程度不断提高。2017 年，民营快递企业的上市浪潮仍在继续。继“三通一达”（即申通快递、圆通速递、中通快递、韵达股份 4 家民营快递公司的合称）、顺丰控股集团上市后，

① 国家邮政局公布 2018 年邮政行业运行情况［EB/OL］. http：//www. gov. cn/shuju/2019-01/16/content_ 5358283. htm.

② 2008~2018 年国家邮政行业运行情况［EB/OL］. http：//www. spb. gov. cn/xytj/tjx.

仍有包括百世集团以及德邦物流登陆资本市场，上市民营快递公司增至7家。①

目前快递完成了电子商务网络购物市场70%以上的运力，推动电子商务和快递服务业的协同联动发展刻不容缓。2017年，菜鸟网络与顺丰快递就接入端口发生冲突，显示出网购快递服务商面对的不仅有同业竞争，也有上下游产业链间的博弈。

最近几年尤其是电子商务的兴起，网络购物已经成为我国居民生活不可或缺的一种消费模式。快递业的供求紧张以及对快递服务质量和水平的诉求一直是社会的热点关注对象。快递业要满足社会的需求还有很长的路要走。强烈的市场需求是我国快递业尤其是民营快递业发展的根本动力。满足社会需求的过程就是中国快递业成长发育的过程。借助中国电子商务市场的巨大需求推动，近5年来国内快递业发生了翻天覆地的变化。但我国快递业发展时间过短，市场准入门槛较低，经营者数量较多，市场集中度偏低，竞争无序。国内快递企业只有整合资源提高市场竞争力，才能与跨国快递企业进行竞争。

随着中国经济国际化程度的提高，国际快递业务市场在快递业中的比重迅速上升，但国内快递企业起步晚、国际市场规模小。国际快递业务市场中，外资跨国速递巨头占据绝对优势地位。中国的快递企业与跨国快递企业相抗衡，仍有很长的一段路要走。目前我国快递市场格局划分为三部分：具备网络和运营优势的国际快递跨国企业垄断着中国国际快递市场；随着国内快递市场准入门槛的提高，具备资金和规模优势的EMS和顺丰速递平分国内中端快递市场份额，京东物流也于2018年宣布加入竞争；民营快递企业如“通达系”，具有成本与价格的优势，主导着B2C和C2C电子商务快递市场。本书主要研究国内快递产业的发展。

早在2012年邮政局局长马军胜就指出，目前快递完成了电子商务网

① 2017年上市民营快递巨头增至7家 顺丰稳居“盈利王”［N/OL］. 证券日报，http://tech.163.com/17/1228/07/D6NQ7MVN00097U7R.html，2017-12-28.

络购物市场70%以上的运力，推动电子商务和快递服务业的协同联动发展刻不容缓。[①] 到2018年我国快递业虽然取得了长足的进步，但快递业在生产能力和服务质量上仍不能满足电子商务的需求，而且其与电子商务的信息化对接等的配套工作也严重滞后。

此外，在电商市场我国快递业仍然面临着许多问题，行业内价格战一直是主旋律，存在低水平竞争；与网商的关系也非常矛盾，利益协调问题也亟需解决。这严重制约了快递业的进一步转型升级。研究电商市场快递企业市场竞争行为，探究电商市场快递与其他参与主体之间的相互作用关系，促使快递业真正地与电子商务协同发展，成为亟待研究的问题，并对认识电商市场快递业的现状以及指导快递业与电商协同发展具有重要的现实与理论意义。

在全球经济一体化和中国工业化、信息化融合的大背景下，依托电子商务发展的快车，中国快递业的经济竞争能力仍有较大的提升空间和发展潜力。另外，快递业的健康发展能极大地促进电子商务贸易的流通和发展，提高电商运营效率、改善内部管理。因此，研究快递业发展遇到的问题具有重要意义，有助于更好地促进电子商务市场的发展。

（二）选题目标与价值

借助电子商务的巨大推力，我国快递业快速稳步增长。2018年，快递业务量达到了507亿件。快递行业的协调发展是保证电子商务网络购物市场稳定增长的前提条件。

本书通过对快递产业发展现状分析，研究电商市场上快递企业间的市场竞争行为，分析快递价格形成机制，探讨参与主体的相互作用机制等方面的内容来为快递业发展提供政策建议与理论依据，促使其更好地发展。只有快递业从多方面处理好与其他市场主体的关系，才能更好地协同发

① 推进快递与网络零售联动发展［EB/OL］. http://www.cnr.cn/2012zt/qglh2012/lhyw/201203/t20120307_509254482.shtml.

展。本书利用多代理计算机建模的方法建立了多个主体参与的产业链协调模型，从分散决策的角度研究网商与快递之间的相互作用，探寻快递业与电子商务之间的合作竞争关系，分析并验证其稳定性。现有文献很少从作用机制、仿真建模的角度来研究快递与其他市场主体间的交互，因此这也是本书的一大特色。

二、研究内容、方法与框架

（一）研究内容

本书以现有电子商务背景下快递业发展过程中出现的现象和问题为切入点，以快递企业与其他市场参与主体（网商、消费者以及电商平台）为主要研究对象，以研究快递企业与市场参与主体间相互作用关系、促使快递业理顺相关利益方关系为主要目标，这也是本书所研究的协同的含义。本书着重分析了以下内容。

（1）介绍了当前我国快递产业发展的现状，对行业所处阶段以及特点作了详细分析，列举探析了主要快递企业的核心能力，指出了当前存在的主要问题。

（2）电商市场快递业价格形成机制研究。针对电商市场快递价格波动问题，首先，对快递服务定价的内涵与特征以及快递服务定价的一般原理与方法进行分析和阐述。我国现阶段快递服务的定价通常基于成本与竞争，同时也受市场结构、供求关系以及相关规则等因素的影响，对电商背景下快递市场结构形态进行剖析，指出其定价的特点。其次，阐述当前我国电商市场快递业价格机制的类别，着重分析四个主要市场参与主体（消费者、快递企业、网商以及电商平台）对快递定价机制的影响。价格竞争是当前快递企业间竞争的主要手段之一，本书通过在不完全信息条件下和完全信息条件下探讨当前快递企业价格竞争机制具有重要的现实意义：在不完全信息条件下构建快递需求函数，引入价格敏感度变量来讨论价格敏感度与市场均衡利润之间的关系；在完全信息条件下借用伯川德模型对于同质化企业来说是实施价格竞争的后果。最后，讨论电商市场上快递企业价格联盟的可行性问题，并试图为快递企业走出同质化竞争提供些建议。

（3）分散决策下的快递——网商产业链协调机制研究。针对电子商务产业链中网商与快递企业发生利益冲突问题，建立基于代理方法的两阶段博弈模型对此问题进行模型化描述和讨论。主要目的在于研究分散决策下异质快递企业的竞争对网商价格选择策略的影响。该模型中网商代理与快递代理分别以自身利益最大化来调整自己的行为决策：网商做出有利于自身的价格决策；同时异质快递代理根据市场的变化来调整自身的经营策略。本部分研究模型主要围绕以下两方面来设计：一是快递企业的数目决定了这个两阶段产业链的竞争强度，即变量 N 对网商和快递的总体利润是否有影响，是否与网商的价格选择策略有关；二是异质快递企业对各方利润的影响。

这部分研究需要从现实的现象进行数学的抽象，然后转化为数学模型；之后基于多代理建模的方法来实现数学模型，对这二者间的交互作用进行仿真验证。仿真工具 Fables 的学习与使用也是本部分研究的重点和难点。

（4）基于共生理论的快递业与电商合作竞争关系研究。快递业与电商平台之间往往存在着多样性的关系。我国快递产业的发展，特别是民营快递企业的蓬勃发展，电子商务是最大推力。但快递业与电商绝不仅是合作的关系，因此研究快递业演进的动力机制就显得十分必要了。本部分研究借助共生理论来探讨快递业发展演进的内在规律。基于共生理论，电商与快递企业之间是互惠型共生关系，通过生态种群 Lotka - Volterra 竞争模型，建立非对称和对称两种快递与电商互惠共生模型。在非对称模型中，电子商务大企业处于主导地位；在对称模型中，快递企业与电商企业的差距不大。在非对称互惠与对称互惠模型中快递企业与电商企业均存在相互共生依存的关系。通过建立方程组，求解两种模式下的系统稳定平衡解，最后在限定的均衡条件下基于 MATLAB 进行仿真，探讨电子商务企业与快递企业在两种模式下的产出水平变化规律。最后试图用案例来说明快递与电商的合作竞争关系。

（5）研究新兴快递对传统邮政的影响，建立相关数学模型，提出我国监管机构需要借鉴其他国家的经验来制定和推行合理的政策以促进邮政普遍服务的发展和实施。

（6）对快递业的发展趋势进行了展望，从企业层面与政府层面提出相应的对策与建议。

（二）研究方法

本书在研究的过程中，首先观察研究对象存在的问题和现象，收集和整理前人的学术成果，通过分析和筛选有用的信息，进一步发掘本书的切入点和突破点。最后，通过建模仿真验证以及分析，形成自身的学术成果，使研究有意义和价值。本书主要使用以下研究方法。

1. 观察与文献研究相结合

研究某一领域需要找到一个切入点，而切入点往往就是学者们先观察然后思考得到的一个科学问题。本书首先分析了我国快递业发展现状，对相关数据进行收集并作了相关调研，观察到了电商市场快递行业的同业竞争以及网商与快递企业利益冲突问题，继而引入相应部分的研究。本书同样也需要尽可能地收集国内外相关参考文献和数据资料，作为理论分析以及模型构建的基础。通过相关文献和资料的查阅、整理和分析，了解国内外和本书相关的理论体系以及研究问题的方法和思路。总结前人的成果，结合自身的想法和能力，选择能够实现本书目的的相关理论和方法。

2. 理论研究与仿真工具应用相结合

本研究从快递业发展过程中出现的实际问题入手，通过运用复杂适应理论、自组织理论等理论和方法建立分散决策下网商与快递企业的相关模型，对问题进行数学抽象，并利用基于复杂适应理论的仿真工具模拟两者之间的交互，实现对问题的计算机描述，更能够说明问题。

3. 数理分析

数学建模是探讨问题的一种主要研究方法，本书在研究价格竞争、利益协调、合作竞争中都不约而同地应用到数学建模，通过建立数学模型来分析相关市场参与主体之间相互动态或静态关系、演化规律等，使本书更有说服力。

4. 总结归纳方法

本书在观察与文献研究、理论与建模仿真结合的基础上进行总结归纳，提出解决问题的对策和措施，从企业层面和政府层面提出相关建议。

（三）研究框架

从我国快递业发展与电子商务协同角度着眼，微观上厘清快递企业与同行、网商以及电子商务运营商等市场主体的相互关系，分析出现的问题与矛盾；中观上分析电商市场快递业价格形成机制、市场主体如何竞争合作、利益如何冲突以及影响如何等，探讨其作用机制，促进快递业协同发展；宏观上分析了快递业发展现状以及存在的问题，对典型企业进行了核心能力分析，研究促使快递业协同发展的对策与建议，从快递企业层面、电子商务运营商等企业层面，从政府规制角度讨论了快递业对传统邮政的影响，从政策层面多角度多方位地进行讨论。针对已有研究的不足和电子商务背景下我国快递业协同发展所面对的、切实需要解决的问题，本书研究工作拟按照图 1－3 研究框架进行。

在图 1－3 中，分为三部分：研究方法、问题提出以及研究思路。其中，中间模块问题提出部分是研究的核心主体，这部分研究层层推进。理论研究包括生态学相关理论、自组织理论以及复杂自适应系统理论、共生理论等；研究方法包括理论研究、案例分析、数理分析、模型仿真以及理论分析。

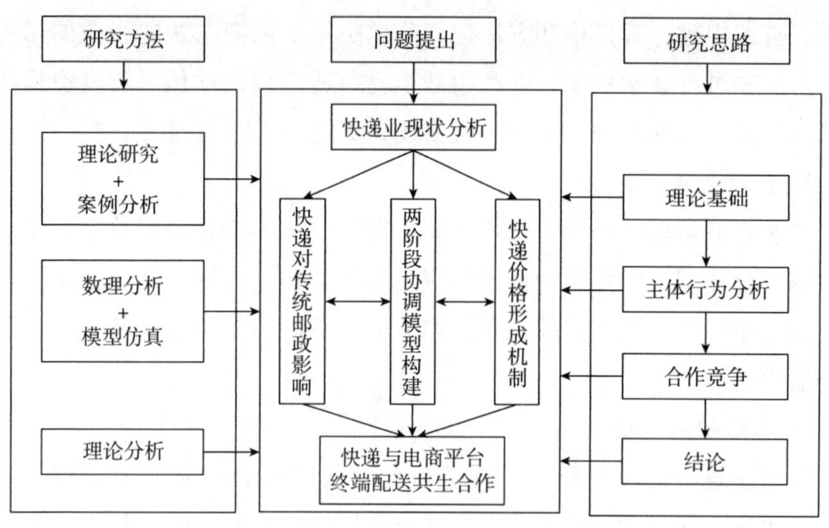

图 1－3 研究框架

三、主要创新点

通过文献综述，针对电商市场快递业竞争问题，运用共生理论、自组织理论、复杂自适应系统理论以及生态学相关理论探讨其作用机制，并对当前我国电商市场快递业与市场其他主体间的交互关系以及促进快递业协同发展等问题进行研究。本书有三个创新点——微观层面分析行动主体的关系和目标，中观层面分析行动主体的竞争、利益冲突与协调关系，宏观层面阐述快递业与电商的合作竞争一体化演进。

（一）对电商市场快递业价格形成机制进行研究

1. 构建电商市场快递业价格形成机制分析框架

从同业竞争的角度探讨当前电子商务背景下我国快递业竞争的现象和

问题。首先，分析快递服务定价的内涵与特征，阐述快递服务定价的一般原理与方法。其次，指出当前我国电商市场快递业价格形成机制有两类：一是价格推荐机制；二是市场竞争机制。

2. 分析市场参与主体对快递业价格形成的影响

在电商市场快递业价格形成机制的研究中对参与价格形成的市场主体——电商平台运营者、接入快递企业、网商（主要是指 B2C 和 C2C 市场上的卖家）、消费者所起的影响作用进行分析。

3. 不完全信息和完全信息条件下快递业价格竞争机制研究

立足我国实际情况，构建不完全信息条件下的电商市场快递需求函数，指出该模型存在让双方都达到利润最大的均衡。模型结果显示，价格敏感系数越大，快递企业的均衡利润就越低；网商对价格的敏感程度越高，价格差异造成的订单量差异也就越大，那些定价较高的企业被迫降低价格以提高销售量和利润。反过来讲，如果企业想提高均衡利润，那么需要采取适当的对策来降低商家对价格的敏感程度。

引入完全信息条件下的伯川德模型可以较好地说明同质化企业实施价格竞争最终会使彼此都没有利润。最后，讨论快递企业价格联盟的不可行性。

通过完全信息条件与不完全信息条件下的建模分析，得出电商市场的快递企业缺乏非价格竞争的行为能力。针对这一问题，最后提出促进快递企业竞争理性化的对策与建议：①快递企业提高服务质量，加强产品差异化，降低消费者对快递价格的敏感程度；②电商企业增加消费者对物流的评价体系，细化评价指标，给予消费者更多的知情权以便选择优秀的企业服务产品；③政府构建良好公平竞争的法制环境，防止企业间形成价格串谋、侵害消费者利益的行为发生。

（二）对网商与快递业的利益冲突与协调进行探讨

1. 方法的创新

首先，分析电子商务产业链中网商与快递企业发生利益冲突的原因，在两者交互关系基础上，建立基于代理方法的两阶段博弈模型。利用 CAS 理论——多代理建模仿真的方法对网商与快递企业的交互进行模型化描述。这部分研究需要从现实中进行数学的抽象，然后转化为数学模型；之后基于多代理建模的方法来实现数学模型，对这两者间的交互作用进行仿真验证。本书选取 FABLES 多代理仿真建模软件，模型实现并仿真。

2. 构建两者关系模型，并对其分散决策下的策略选择进行实验

实验的主要目的在于研究分散决策下异质快递企业的竞争对网商价格选择策略的影响。该模型中网商代理与快递代理分别以自身利益最大化来调整自己的行为决策：网商做出有利于自身的价格决策；异质快递代理根据市场的变化来调整自身的经营策略。本部分研究模型主要围绕以下两方面来设计：一是快递企业的数目决定这个两阶段产业链的竞争强度，即变量 N 对网商和快递的总体利润是否有影响，是否与网商的价格选择策略有关；二是异质快递企业对各方利润的影响。

（1）在“Courier Agent 之间的竞争对模型系统的影响”的实验 1 中，通过设置 A、B 两组不同数量的配送代理，我们观察到：①强风险偏好的企业所得利润比弱风险偏好的利润高，风险偏好与不同企业的战略有关。结合现实网购市场，我国民营快递企业的风险偏好比国有、外资都要高，民营企业通过增加供给产量能够迅速地发展壮大自己，采取低成本、高产量的办法来扩大市场占有率，积累自身发展的资源。当然这一方式也是以牺牲一定的质量来换取的。②竞争越激烈（快递数目越多），快递代理的平均利润总和越低；快递企业增加的总产量波动就越来越大。因此，对于电子商务平台来说，不宜引入发展过多的快递企业，这会进一步扰乱现有的市场格局。

（2）“分散决策下 E－retailing Agent 对模型系统的影响”实验 2 与实验 1 的区别在于，实验 1 中网商代理 E－retailing Agent 保持两类初始价格不变；而实验 2 中网商代理与快递代理均以利益最大化为目标。

在这种模式下，不论强弱风险偏好的配送代理，其利润水平都急剧下降，网商的利润水平可以得到极大的提升。实验的结果与设计初衷和实际

情况相符。

通过这一模型我们可以看到：在交互的过程中，网商有较大的优势；对于电子商务运营者来说，有责任与义务为参与主体提供合理、公开透明、多赢的交易体系，整合资源与各方协商解决利益分配问题，考虑建立一种网商、消费者以及快递企业的多方协调制约机制，核心就是服务责任的细化与确权，将网商的包装费、服务费与快递企业的快递费区分开来，使得不论消费者还是网商与快递企业权责利益都一致，且有章可循，同时也能约束网商的不正当行为。

（三）从共生角度对快递业与电商的合作竞争进行研究

1. 共生思想导入快递业与电商的合作竞争研究

共生思想在一些产业分析中得到大量的应用，但针对快递业与电商的应用是首次，需要研究的问题也比较多，如共生思想引入、快递业与电商共生模式分析等。结合共生理论，指出快递业与电子商务是互惠共生的关系。

2. 案例研究

通过案例的分析方法，对快递业与电商的合作竞争进行阐述，双方共生协作相互推动发展，但又存在着竞争。

第二章
理论基础与文献综述

一、快递业含义、分类与基本特征

（一）快递业含义

快递业作为一个新兴的产业，存在的价值主要体现在其对运输和流通过程的加速和简化上。快递产业的核心理念是提供规定时间内门到门的送达服务，递送的对象包括包裹和文件，规定时间通常为 2~3 天。

国家邮政局 2007 年发布《快递服务》行业规范，明确规定了相关定义：快递服务（Express Service；Courier Service）是快速收寄、运输、投递单独封装的、有名址的快件或其他不需储存的物品，按承诺时限递送到收件人或指定地点，并获得签收的寄递服务。①

为适应快递不断发展与社会需求，2012 年 5 月 1 日正式实施《快递服

① 国家邮政局发布《快递服务》邮政行业标准（全文）［EB/OL］. http://www.gov.cn/gzdt/2007-09/21/content_757900.htm.

务》系列国家标准（以下简称《标准》），它将快递服务定义为“在承诺的时限内快速完成的寄递服务”。《标准》包括三部分内容，分别是 GB/T-27917.1—2011《快递服务 第1部分：基本术语》，GB/T 27917.2—2011《快递服务 第2部分：组织要求》和 GB/T 27917.3—2011《快递服务 第3部分：服务环节》。各部分既相对独立又紧密联系，共同构成《标准》的全部内容。与之前的邮政行业标准 YZ/T 0128—2007《快递服务》相比，2012 年发布的现行国家标准在内容上有了很大的拓展和提升。首先，《快递服务 第1部分：基本术语》从基本概念、业务种类、服务要素、服务环节、服务质量五个方面系统地梳理了快递服务所涉及的基本词汇，形成了较为完整的快递服务术语概念体系。其次，《快递服务 第2部分：组织要求》根据不同经营范围，细化了不同快递服务组织的最低从业人数要求，新增了加盟企业管理和国际业务代理相关规定，并分别从快件安全、人员安全、代收货款安全、突发事件四个方面对快递服务组织的安全管理提出要求。此外，还专门增加了对国际快递服务时限的相关规定。最后，《快递服务 第3部分：服务环节》细化了对快件验视和封装的相关要求，增加了分拣、封发、运输、无着快件等处理规定，并特别针对快件是“先签后验”还是“先验后签”，明确给出了答案。此外，标准还以较大篇幅新增了国际快递在各服务环节的具体要求。

《标准》于 2012 年 5 月 1 日起正式实施，2007 年版《快递服务》邮政行业标准同时废止。《标准》的发布，对于进一步推动快递转型升级，提高服务质量和服务水平，保障用户合法权益，促进快递服务健康发展起到重要的推动作用。①

为了提高效率，满足商业经营企业对速度的追求，快递业的干线运输过程通常在夜里进行，充分地利用夜晚这个所谓的“无效时间”段，快递公司能够实现下午接收的快件在第二天上午送达收件人的目标。快递公司

① 国家质检总局、国家标准委批准发布《快递服务》国家标准［EB/OL］. http://www.spb.gov.cn/folder108/folder2615/folder2617/2012/02/2012-02-27106588.html.

借助先进的信息技术手段和跟踪查询技术，大型快递企业能够使委托人了解快件运送的全过程信息。

快递运输过程中涉及多种运输方式，包括航运、公路和铁路运输。通常情况下，快递企业会尽可能地利用地面运输，也就是公路交通方式。航空运输的价格比较高，通常用于在依靠其他运输方式不能满足时限要求的当日递或次日递邮件。铁路因为时效性差，使用率比较低。为了简化流程，加快传递时限，国际快递承运企业还可以向客户提供代办清关、代缴海关关税以及其他相关的服务。

（二）市场分类与特征

1. 市场分类

快递业发端于美国 20 世纪中期，是物流业中的新兴力量。改革开放以后，中国快递业正式起步，标志性事件是全球邮政特快专递业务（EMS）在 1980 年成立，同时外国快递巨头也纷纷进入中国。随着全球经济一体化进程的加快，尤其是进入 90 年代以后，随着市场经济的逐步确立，原有速递业务已经无法适应大量的外贸样品、单证、商函等物品的时间和服务需要，以申通为代表的民营快递企业诞生。进入 2000 年以来，中国的基础交通设施如高速公路里程、高速铁路以及航空等日益完善，信息通信技术水平提高，尤其是随着电子商务的发展，网络零售日渐成为人们购买商品的主要方式之一，民营快递企业蓬勃发展，2016 ~ 2017 年，“三通一达”、顺丰、百世集团纷纷通过借壳或美国上市等方式进入资本市场。在 2018 年 1 月德邦公司上市后，我国民营快递公司中的上市公司增至 7 家。

按寄达范围划分的快递业务有国内快递、国际快递、港澳台快递三大市场。其中，国内快递分为同城快递、省内异地快递和省际快递；国际快递分为国际进境快递和国际出境快递。

目前市场主体已经形成外资快递、国企 EMS、民营快递并存的格局。EMS 依托中国邮政集团资源，拥有政策和网络优势，并有着广泛的下沉网点资源。同时，中国邮政又兼有邮政普遍服务的国家责任，其速递网络触角达到最广泛的地域空间，若能因势利导充分发挥自身潜能，将大大增强EMS竞争力。外资快递巨头主要依靠其雄厚的资金、先进的管理理念和服务意识、全球化网络布局，占有国际市场较大份额。2000年以来外资快递公司通过价格和服务优势，不断向中国市场开拓业务。在国内同城快递或异地快递市场上，民营快递企业因其灵活性和其机动性发展迅猛，已经占有大部分份额。但是，我国民营快递企业在管理和服务上还存在诸多弊病。

随着竞争的加剧、市场集中度的提高，国家邮政局发布的《2019年2月中国快递发展指数报告》指出，快递市场集中度进一步提高，预计1~2月快递与包裹服务品牌集中度指数CR8为81.3，同比提高1.5，市场份额向头部快递企业[①]集中，头部快递服务质量稳定性较高，[②] 二三梯队公司规模远不及第一梯队。开始洗牌，其中全峰快递转型打造社区O2O服务模式，而天天快递则被苏宁收购，用来布局其社会化快递的干线、仓储和末端。还有大量规模更小、资金技术实力较小的各地方型企业如上海蓝盾等快递公司，主要在各地的细分市场上占有一定的份额，与顺丰速运公司不构成直接的竞争。

2. 快递基本特征

快递行业是具有时效性、规模经济性的新兴行业；快递企业一般有网络性，作为服务行业的延伸向许多价值链板块。快递业属于服务业，其存在和发展取决于服务。快递服务的广度、深度、舒适度影响着用户需求满足的程度和心理感受程度，服务品质决定快递企业的经营状况。树立以客户满意为中心的服务理念，一切工作都要围绕客户的需求与市场变化的要求，不断地提高服务质量，赢得市场、赢得企业的发展。

快递行业的服务网点决定了其总量规模和服务纵深。同时，网点增加

---

① 头部快递企业即为顺丰、德邦、中通、申通、圆通、韵达和百世7家上市快递企业。

② 2019年2月中国快递发展指数报告［EB/OL］. http://www.gov.cn/xinwen/2019-03/06/content_5371224.htm.

也带来成本增加。网点的覆盖要综合考虑建设维护的成本和增设网点的收益，它们之间的对比是实现企业利润的最大化。规模经济性是指当快递网点数目到达一定规模时，无论是运输还是分拣中转效率都会得到极大的提高。时效性是快递的本质要求。快递行业是我国的朝阳产业，在保证时间最短、安全准确的前提下，适应我国市场经济发展的需要，已经逐步成为行业的主体，其服务对于发展经济社会起着重要作用（周兴国，2012）。

二、理论基础

（一）生态学相关理论

1. 生态学与生态系统

生态学起初由德国生物学家 Haeckel 在 1866 年提出。他指出，该学说是探究生物种群与所处外部环境共同发生作用的一门学科，尤指动物与动物、植物之间互利或敌对的关系。200 多年来关于生态学的定义国内外学者都有许多不同或近似的表述。将各方意见归纳总结起来，并与现今生态学的发展研究动态相结合，生态学的概念可具体定义为：生态学是研究生物群体、人类或社会组织、外部环境之间的相互作用关系，研究自然生态系统和人类生态系统的结构及功能的一门科学学科。它可以简单地理解为研究生态系统下一切生物的生存状态，探究系统内生物之间和生物与环境之间层层相连、环环相扣的关系，联系和发展是其研究的重点。伴随着人类社会及生态学的发展和成长，生态学构建起理论深厚的学科体系并在此基础上形成独有的方法论，成为自然科学和社会科学的纽带。生态学中很多重要理论可以用于自然界和人类社会各种事物的分析观察和研究。

生态系统（Ecosystem）是指在一定的时间和空间内生物与所处的环境

之间通过物质循环和能量流动相互作用、相互依存而构成的具有动态自我调节能力的统一整体。Prigogine、Nicolis 和 Babloyantz（1972）认为，生态系统是通过系统的自组织体系与外界持续地交换物质、信息、能量的过程，逐渐从不平衡走向平衡。这一过程表明它是一个开放的非线性系统。由此可以看出，具有自组织特性的生态系统同样离不开外部环境的物质与能量交换及供给。Nicolis（1997）指出，当环境改变受到外来压力干扰时，生态系统具有做出决策的能力，会向保持原状、返回前期的演变阶段、途径交叉点沿着新分支形成新的组织结构以及系统崩溃等方向演化前进。

2. 商业生态系统

Moore（1986）在《哈佛商业管理评论》上提出了商业生态系统（Business Ecosystem System）概念，亦可译为企业生态系统。10 年之后，Moore 出版他的专著——《竞争的消亡》，该书系统地讲解了商业生态系统的概念并建立了基础的理论构架。他实证研究了高科技企业成长案例，并指出在相同时间和一定空间内相同系统中互相依靠彼此共存的"商业物种"协同演进发展的现象。商业生态系统的整个演化进程对新时期商业竞争的竞合法则做了深入的解读，同时也系统性地阐述了商业生态系统的四个生命周期阶段以及发展策略。它基于系统论与生态学视角重新诠释了商业运行机制和合作竞争的内涵，与此前的战略管理理论相比，Moore 更加注重合作与竞争的均衡。他融入了产品生命周期理论、生物进化理论的核心思想，提供了企业在产业融合背景下发展经营状况并取得领导地位的战略管理研究方法。Michael（1998）认为，在未来的时代商业生态系统将是一种发展趋势。McGrath 和 MacMillan（2004）基于生态学视角研究了跨国企业成长战略类型分类。

商业生态系统是指由个人和组织成员共同组成具有经济贸易关系的商业联盟形式（宋阳，2009），联盟形式成员包含领导型企业、分销商、供应商、银行、消费者、风险投资者以及竞争者。类似于自然生态系统中的食物链，这些成员企业之间建立起价值链，链与链之间发生千丝万缕的联系，交织形成价值网。系统成员间基于交织形成的价值网络使得物质、能量和信息得到交换和流通。判断一个系统是否是商业生态系统，不在于其规模大小。一个商业生态系统可以是学校食堂与就餐者，也可能是以淘宝、京东和腾讯为核心成员构成的聚集周围巨型经济体的虚拟电子商业系统。商业生态系统具有三个基本特征：①动态性特征——随着时间的推移，系统内部环境不间断演变，是一个相互关联的整体；②网络化特征——商业生态系统在结构上呈现一种网状结构，组织成员呈现网状关系特征，即非链式或扇形关系；③随实际情况不同规模可变——根据具体企业组织成员所处环境以及现实条件特征，商业生态系统所涵盖的规模是不同的。

近年来，商业生态系统理论越来越受到学者的青睐。目前，学者对于商业生态系统的研究主要是从生态系统和复杂系统两方向进行的。生态系统方向强调对生物学和生态学知识的借鉴，有代表性的如企业生态位理论、协同进化理论、自然选择理论等（梁嘉骅等，2002）。学者们认为，如同自然生态系统中的生物体一般，企业建立商业贸易关系时组织成员间既合作亦竞争，相互交织共同生成一个关系紧密、错综复杂的价值网络。作为价值网中的一个环节，每个企业成员均承担着一定的作用，某一功能节点的失效都将对整个商业生态系统造成一定的损害。商业生态系统如同自然生态系统一样会保持某种动态平衡稳定性。因此，经济管理学研究完全可以借鉴生物学和生态学的有关成果。Moore 认为“集合定律”同样适用于商业生态系统的原始生成，在联盟中和平共处企业组织成员最后有可能“运动到”一个生态系统中。Sui 认为，商业生态系统与自然生态系统有很多相似之处，例如竞争最终会迫使企业和生物做出生态位分离的抉择，并产生“物种”的多样性演化。

在商业生态系统复杂性研究方向上，学者指出，过去建立在线性思维基础上的经济管理理论的运行机制与实际的商业世界是不同的。现实的经济系统受随机影响因素干扰，具有扑朔迷离、无法预测的复杂系统特征，因此，应当利用复杂适应系统理论来研究商业生态系统。Backers 认为，竞争者、供应商和消费者之间复杂的关系可以当成一个复习适应系统。①

近年来关于商业生态系统领域的研究主要集中在以下四个方面。

（1）商业生态系统自身成长和发展。Moore 在其专著中指出，商业生态系统具有生命周期特征属性。他认为，商业生态系统从形成到自我更新或灭亡需经历四个阶段，即开拓、扩展、领导和自我更新或死亡。每一个阶段里系统核心成员都担负着不同的任务和责任，其他组织成员在核心成员的指引下产生新的价值，相互依靠并吸引更多的组织成员加入系统中，处理系统出现的问题以及不断输入新想法。可以看出，商业生态系统在借鉴自然生态系统发展规律的基础上具有更深的内涵和理论价值。

（2）研究地区或产业发展。研究地区与产业发展的文献比较多。比如，基于商业生态系统对休闲体育产业等进行的研究，李晓晨等（2009）认为，休闲体育产业生态系统包含核心价值链、扩展价值链、金融链和政策链四个构成要素，并探讨了构成要素所起的作用，最后分别从价值创造、协同进化以及缝隙三个维度研究休闲体育产业的战略选择问题。聂永有和张晋华（2011）通过对上海商业生态系统的分析，指出系统在时间动态演化的特征是业态的不断升级；空间动态演进的特征为区域扩散化以及商业集聚。

（3）研究企业成长。健康稳定的商业生态系统提供企业成长所需的条件。由于商业经济系统与自然生态系统不同，Marco 和 Levien 通过对自然生态系统健康的理念和模型参考的修改，提出了一套商业生态系统的健康评价指标体系，用来对企业制定战略和管理操作进行指导（李春青，2003）。李强和揭筱纹（2012）以价值共享和价值创造两个维度建构了科技领导型企业价值指标评价体系，并通过对华为和中兴的实证研究说明核心企业在价值创造和共享方面具有显著性特征。肖红军和李平（2019）针对平台型企业社会责任现有研究的不足，从平台型企业“作为独立运营主

① 欧文·拉兹洛，克里斯托弗·拉兹洛．管理的新思维：第三代管理思想［M］．北京：社会科学文献出版社，2001.

体的社会责任”“作为商业运作平台的社会责任”和“作为社会资源配置平台的社会责任”三个层次，结合担责的“底线要求”“合理期望”和“贡献优势”三个层级，系统界定了平台型企业社会责任的内容边界。在此基础上，对点对点的原子式社会责任治理、传导式的线性化社会责任治理、联动型的集群式社会责任治理等传统社会责任治理范式进行深入研究，发现它们在平台情境下容易出现治理的错位与失效。基于此，他们提出契合于平台情境的社会责任生态化治理新范式，指出其本质是一种内生型、整体性与可持续的全过程治理范式，核心是分层次治理与跨层次治理，个体、情境和系统的全景式治理，以及跨生态位互治与网络化共治。

（4）将系统理论用以研究技术创新。Guloti（2000）认为，技术的进步是研究人员不断地深入学习和不同学科领域人员参与的双重作用结果，取得复杂技术的创新需要各个系统内部成员共同作用。实践表明，复杂技术的创新依靠的是自组织的创新网络，即把各种不同的知识集成到一个创新过程中。梅强等（2013）从战略性新兴企业发展的视角探讨了所提出的产业创新生态系统模型的创新风险，指出技术创新风险主要包括技术风险、整合风险、合作风险以及依赖性风险，最后提出了相关的风险控制建议。樊霞等（2018）采用文献计量法，通过一般描述性统计、文献共被引和共词分析，揭示创新生态系统领域发展进程、理论基础和主题演化规律，发现近十年创新生态系统相关研究的快速增长主要集中于欧美等发达国家。管理、经济和商业研究是创新生态系统探讨的重点学科领域。生态系统理论、市场竞争理论、动态发展理论、网络结构理论和模块化理论共同构成创新生态系统研究的核心理论知识基础。研究主题演化主要经历三个阶段，其主题分别为“可持续发展”“可开放创新”“价值创造和协同创新”。

3. 电子商务生态系统

电子商务生态系统是从商业生态系统概念上引申而来的。国内外学者对电子商务生态系统的研究方向有以下两个：对电子商务生态系统的概念、结构层次以及演进发展规律进行研究；对电子商务生态外部环境进行相应的研究。

不少学者对电子商务生态系统的定义有不同但相近的阐述。梁春晓（2008）认为，电子商务生态系统是指由为终端的消费者供应产品、服务等贸易交换，并与基于互联网络在线交易关联的个人、组织及商业外部环境构成的统一集合体。它是网络经济背景下，在政府、企业组织成员间及客户的影响下，企业及个人所组成的商业贸易网络与其外部环境共同演化发展的一个动态平衡系统。胡岚岚（2010）定义了平台型电子商务生态系统：具有为完成商品交易而密切关联的企业、组织和个人以互联网为合作竞争和交流平台，通过虚拟、联盟等形式进行资源共享和优化配置，生成的一个非线性平衡生态系统。司林胜和王凌晕（2011）认为，电子商务生态系统是将社会生产消费的各成员看成一个有机整体，以消费者的需求为系统核心，以产品需求为载体，在资金流、物流和信息流的作用下生产消费以系统的方式稳定运行，并维持效益最大化。

不少学者也对电子商务生态内外部环境进行了研究。Assadourian（2008）在分析外部经济环境的基础之上，指出稳定的经济环境对电子商务的发展具有支撑作用，国家整体社会与经济发展环境的稳定是保障电子商务生态环境健康存在的条件之一。杨韵研究了电子商务生态环境的构成，并分析了系统中企业战略选择。在第一届电子商务生态学术研讨会上，梁春晓（2008）做了关于亟待关注电子商务生态研究领域的报告，他指出中国电子商务生态特征日趋明显，电子商务生态系统之间的竞争已经超越产业内部竞争，电子商务生态环境是待研究问题之一。王耀德和许其彬（2018）基于DIKW模型进行模型构建，对价值生态系统理论的要素、结构、机制和功能进行梳理，报告了价值生态系统的现状，反映了价值生态系统理论的综合特性。系统由要素、结构、机制和功能决定，而功能由要素、结构和机制决定。基于价值创造视角分析电子商务企业，创造价值就是电子商务企业的价值使命，电子商务企业需要首先形成实体价值平台，然后在信息要素的基础上系统运行。他们研究了基于经济租金理论的电子商务价值生态系统构成，在实现企业结构价值、用户价值、知识价值、信息价值和管理价值的基础上，进行价值生态创造和价值生态实现，以期在自组织演化中达到价值创造的研究目的。

刘雷（2010）认为，电子商务生态系统的演化发展环境包括外部环境和内部环境。外部环境包括系统外部的政治、法律法规、经济制度、技术标准等宏观因素，内部因素是系统内部种群间规则、政策等，这些内外部因素影响着系统的演化发展。任今方（2010）认为，社会环境、电子商务信息资源环境和基础设施环境共同组成生态系统的非生物发展环境。叶秀敏（2010）基于自组织理论的角度分析和探讨了我国电子商务生态系统的发展，研究了系统的动态生成、演化规律，利用仿真建模的方法对2000年互联网企业崩溃机制进行研究，最后提出生态系统的评价方法等几个关键问题。雷兵（2017）指出，网络零售生态系统中的种群有网络零售商、消费者、物流配送企业、网络零售服务外包企业等，它们通过捕食、竞争、互利和寄生等关系不断成长。采用系统动力学理论与方法，在对四种关系建立因果回路图的基础上，通过系统流图、方程及其仿真揭示中国网络零售业的网络购物消费者规模、人均网络购物消费额、物流配送能力、网络零售服务外包规模在2001～2030年的发展情况。研究表明，中国网络零售业的快速发展受自身竞争优势及中国经济持续增长的双重影响；作为一个寄生产业，网络零售服务外包业规模不仅取决于网络零售业规模，也与服务外包产业自身发展高度相关。

（二）自组织理论

1. 系统科学的形成与发展

系统科学是由系统为研究对象的基础理论和应用技术的学科组成的学科群。它重点研究各类系统的结构、性质、功能和演化的共性规律，探讨与系统有关的各种理论和方法。系统科学经过半个多世纪的发展，对社会生活各个领域与科学技术的发展产生了重大影响。20世纪中叶以后，出现了一大批隶属于系统科学的科学理论。美籍奥地利人、理论生物学家Von

Bertalanffy 于 1945 年在芝加哥大学哲学研究班上提出了一般系统论的概念。在其后期的研究中，Bertalanffy 完善了一般系统论的概念、原理、范式、原则和体系等。他指出系统的科学和数学系统论、系统哲学以及系统技术三个内容共同组成一般系统论。其中，系统技术主要研究系统思想、系统方法在现代科学技术和社会等系统中的应用，而系统论的科学或哲学方面性质是系统哲学主要研究的，目的在于使系统论获得哲学方法的地位。系统科学运动如图 2－1 所示。

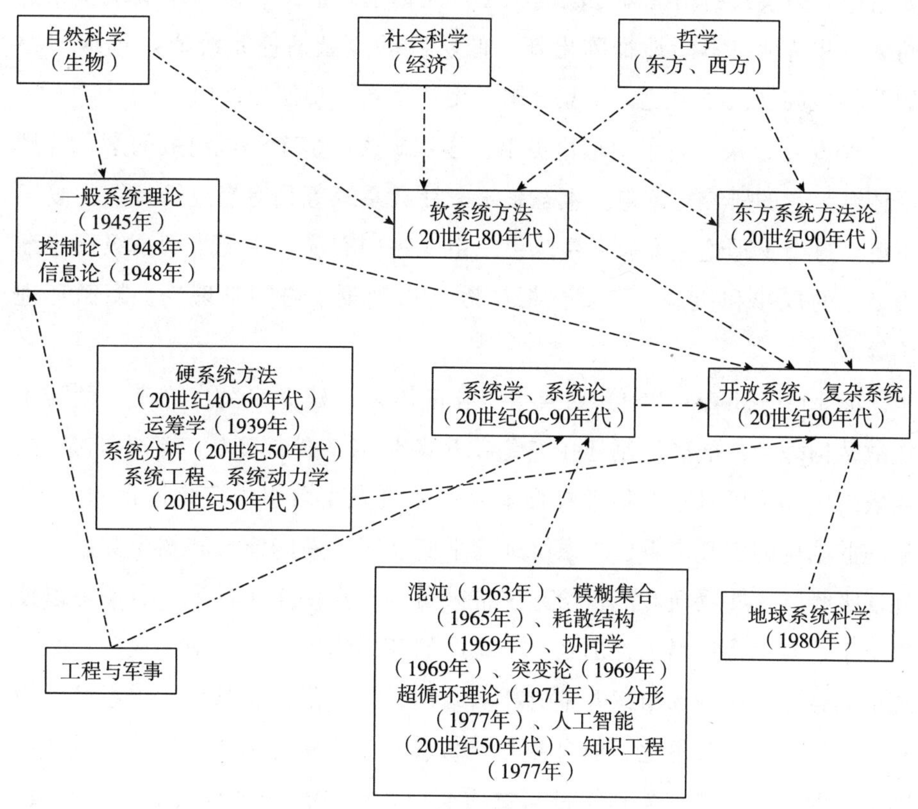

图 2－1 系统科学运动图

资料来源：许国志等．系统科学与工种研究［M］．上海：上海科技出版社，2002.

2. 自组织系统理论概述

自组织（Self－organization）的概念最初是由 Immaneul Kan 于 1790 年提出的，他指出哲学层面上事物的各部分因彼此的作用而存在，也因为对方和整体而存在；那么这种交互作用产生了整体。Haken 在 1976 年进行了更准确的定义："一群工人，如果工人根据工头的命令完成工作，就是组织；在没有外部指令的情况下靠相互默契完成工作，那么就称之为自组织。"陈禹认为，复杂适应理论中自组织特征性就是新产生的实体或稳定的组织行为模式将由代理之间的相互作用而涌现。组织的每个层次里相互间关系和特性将不断地推陈出新。低层次的复杂适应系统通过逐级"叠加"构成高层次子系统，相互交织作用产生新的功能和结构。

1960 年以来，自组织理论提出并逐步确立由多个学说组成的学科群理论体系。它的研究对象包含生态系统、社会系统等具有自组织特征的复杂系统。自组织理论主要研究系统组织由无序向有序、由低级到高级逐步渐进演化的规律和机制，主要包括耗散结构理论、协同学理论、超循环理论等。

Ikya Prigogine（1969）对自组织理论体系创建做出突出贡献，创建了耗散结构理论，准确地阐述了自组织现象形成的外部环境与产生的条件。耗散结构理论可以很好地解释商业生态系统发生自组织演化过程的条件。从耗散结构的定义来看，当系统远离平衡态时，新的能量和物质被系统从外部吸收，这些物质和能量给系统带来负熵。在一定条件下，负熵可以使整个系统有序性地增加，那么一个有序的新组织就会自发地形成。一个系统形成自发有序的新组织并生成耗散结构，需满足四个条件：①系统至少有一部分必须自身催化，即自参考；②系统中至少有两个部件是非线性或因果互助关系；③在受到能量与物质交换影响的同时系统需对环境开放；④系统必须远离平衡状态。[①]

① 曾国屏．走向综合的系统科学——开创复杂性研究的新学科［J］．系统辩证学学报，1994（4）．

形成自组织必须满足以上四个条件，缺一不可。这四个条件都有对应的地位和作用，在组织生产的过程中需相互配合，才能够协同产生系统的自组织行为。商业生态系统在内部形成自组织同样需要满足这些条件。组织、无（非）组织主要特征描述如表 2－1 所示。

表 2－1　组织、无（非）组织主要特征描述

	组织		无（非）组织	
特征	成员向有序方向演化		成员间无序状态	
二级概念	自组织	他组织	自无序	他无序
特征	动力源来自内部	组织动力源来自外部	非组织动力源来自内部	非组织动力源来自外部
举例	产业集群	晶体	生命的死亡	地震下的物体损害

协同学由德国科学家 Haken 于 1969 年率先提出。协同学由许多不同的子系统进行合作，这些子系统的相互交织作用产生整体性的结构和功能，表现出“涌现性”。协同的目的在于自组织系统的一般原理。

以系统论、信息论、控制论等现代成果理论为基础，吸收耗散结构理论的相关思想，协同学积极引入管理学科领域统计学与动力学方法，研究远离平衡态的开放系统形成自组织的演化动力机制，揭示了各种系统和现象从无序到有序的演变、相互协作自发地形成有序结构的共同规律。Thom 创立了突变论数学理论，该学说主要对平衡状态下临界点的突变条件与状态进行研究。

德国生物学家 Eigen（1971）提出超循环理论。该理论是关于生命起源的自组织理论——分子级别的自组织过程在从化学演化向生命演化的转变中起到了桥梁作用，在体系化的超循环结构基础上非生命物质迈进生命的边界。

超循环是由反应循环、催化循环和催化超循环三级循环构成的复杂系统。Eigen 认为，超循环组织在经济系统、神经系统等具有复杂特征的系统中发挥某种影响力。

3. 理论研究与应用

自组织理论是研究系统演化规律的一个重要理论和分析方法，在产业链利益分配、形成和协同、复杂系统演进等问题上发挥了巨大的作用。随着研究的深入，自组织理论得到进一步完善，其含义得到极大的延伸，国内外众多研究学者将其应用于具体问题分析与处理上。

Allenby（1994）认为，探讨经济活动以及与其他系统的联系应该站在系统论的角度上，只有这样才能更好地把握好这种联系，包括人类与生物系统、物理系统和化学系统等的联系。Lichtenstein 和 Benyamin（2004）基于自组织理论构建了企业家创业自我组织变革框架，并为其提出了创业精神自我组织的体系结构。Howells（2006）研究了城市的自组织现象，指出城市发展过程中层出不穷的复杂现象均可用自组织理论来解释，它是一个自组织的复杂系统。Buijs 和 Jean - Marie（2010）利用自组织理论进行了项目管理中的流程管理分析，研究表明，临界点的衔接是复杂流程管理的主要环节，最后基于自组织理论建立了项目流程管理模型。

国内在社会科学领域中关于自组织理论多被应用于系统科学、集群技术创新产业系统演化、群体集合、高等教育系统发展、知识产权创造、资源共享等方面的研究。陈娟（2011）建构了科技资源共享机制分析框架，将共享价值和共享文化作为序参量，然后基于系统动力学对科技资源共享系统自组织运行机制进行建模仿真，研究结论验证了科技资源共享系统的自组织特征、运行机制的耦合关系以及序参量选取的正确性。乌杰（2012）在研究自组织原理和涌现原理的基础上指出系统自组织演化的表现形式是涌现，它是系统演化的基石。李政（2012）指出，高等教育系统具备满足自组织演进的条件，比如具备开放性条件，是一种典型的非平衡系统等，大学发展的目标应该是为了“追求卓越”，而不是“家大业大”。苗成林等（2013）建立了企业能力系统的演化模型，仿真结果得出协同能力和盈利能力是企业能力系统演化进程的决定影响因素；当系统的稳定条件得到满足时，系统结构有序性特点将被随机影响力作用。寇楠楠和姚新中（2015）指出，维持自身的稳定性和物种多样性，并向着演化出具有更高“理性”的“理性偏好”的目标发展，是自然生态系统的目的和价值选择。基于自组织系统理论，我们可以超越和扩展自然价值论者对价值所进行的工具价值和内在价值的划分，进一步将内在价值扩展为自然价值、族群价值和隐含价值三个层次的生态价值结构，并在自然生态系统的本质和目的的基础上阐明环境伦理义务的可能性与必然性、可持续发展作为环境伦理规则的可行性与合理性、环境伦理义务与人类目的的一致性。

（三）复杂自适应系统理论

1. 基本概念

复杂自适应系统理论（Complex Adaptive System，CAS）是一种复杂的科学理论。因遗传算法（Genetic Algorithm）而声名大噪的 Holland 在多年研究复杂系统的基础上提出关于复杂自适应系统较为完整的理论。为庆祝研究所成立十周年，美国圣塔菲研究所开始举办一年一度的以“复杂性研究”为主题的乌拉姆讲座。Holland 作了主题为“隐秩序”的报告。

复杂自适应理论最基本的思想是适应性造就复杂性，它指出具备适应能力的、主动的 Agent（个体）由于生存和发展的需要，会随着环境的改变而做出有利于自己的行为规则。目前，CAS 理论已成为圣塔菲研究所的理论支柱之一，作为解释复杂系统的机制，广泛地应用于各个领域（徐国志，2000）。CAS 理论指出在整个系统的演变或进化基础上新代理的生成、进化和多层次显现，以及优化聚合而成的、更高级的代理也会涌现产生。美国的罗伯特·麦克菲（Robert MacFadyen）指出，CAS 系统是由许多异质的智能体组成的开放系统。伴随着生命的进程，这些智能体以一种非线性的方式在相互作用以及与环境之间发生着作用。

霍兰围绕主体这个核心概念，进一步提出研究适应和演化过程中 7 个重要的特征概念，分别是聚集、非线性、流、多样性、标识、内部模型和积木块。聚集、非线性、流、多样性是代理个体的某种特征属性，这些特征属性将在适应和进化中扮演着重要的影响因素；而标识、内部模型和积木块则是代理与环境相互交织作用的运行机制。

2. 特征

早在复杂自适应系统理论提出来之前，它在自然（如神经系统、免疫系统、自然生态系统等）和人类社会中（教育系统、经济系统）就早已广泛地存在着。它有几个特征：①系统具有网络特征，网络成员在横向层次上发生作用；②系统具有多层次组织特征；③系统代理具有适应性特征，具有学习的能力，即拥有产生对策的能力；④系统内的主体具有判断预期功能，会根据其内部模型做出预期；⑤在联系宏观与微观方面提供一种新的思路；⑥CAS 系统具有涌现特性，该特征是指当低层次单元间发生交互作用时演进到高一个层次新的现象发生时，这个现象称为“涌现”。

自组织性是复杂自适应系统最核心的特征属性，系统具有生成自组织行为能力在于系统具备非线性、异质性、等级结构以及流四要素。异质组相互交织的非线性交互作用使得系统自组织产生等级结构，异质组间的物质、能量与信息流的交换要受所生成的等级结构和流的共同影响。20 世纪 90 年代以来，个体与环境的互动作用受到国内外专家学者的广泛关注。我国科学家钱学森（2006）提出开放的复杂巨系统理论；Pilerro 通过抽样调查的方法研究了自然生态系统中存在的涌现规律。研究人员基于人工神经网络以及案例推演从学习、认知等方面探索了知识表达和获取的方式。突出代理个体的主动性是复杂自适应理论的中心内容，它认可代理个体拥有属于自己的目标、前进方向。代理个体通过有计划、有方向地转变自身的行为特征和结构形态和与外部环境交换和交互作用，最终形成适应环境且健康发展的理想状态。在这方面，圣菲塔研究所作为研究复杂自适应系统的中心发挥了重要作用。研究复杂自适应系统是一个备受关注的方向。

3. 基于 CAS 的多主体建模

多主体建模自 20 世纪 90 年代以来开始兴起，国内外学者基于自底向上的思想对自组织代理以及它们之间的相互作用影响进行了充分的研究。复杂自适应系统理论作为一种研究复杂性系统的理论假说，是目前计算机建模方法最为重视的理论基础。当前在社会管理科学领域产生较大影响、比较成熟的计算机建模方法有系统动力学、微观仿真模型、元胞自动机、多层模拟、遗传算法、多代理建模方法等（盛昭瀚和张维，2011）。

基于代理建模的方法最初起源于人工智能领域的分布式人工智能（DAI）分支学科。多主体代理模型中的程序片段代理可以非常好地表征一个独立的经济个体（组织或者某个人），而大量可以描述个体或者组织构成的集合行为的程序集合则成为社会科学领域研究的基本模型。基于代理（Agent）系统的计算机建模，简称基于代理建模（Agent Based Modeling，ABM）。随着复杂性科学的持续深入挖掘，多代理建模方法在社会经济管理系统中的应用将越来越普及。

多主体代理模型对诸如竞争、合作、协同、组织行为、形态演变、习俗和道德的演化等社会经济现象可以做很好的解释，许多学者对这些现象进行了多主体代理建模并得到验证。微博大 V 生态群体影响力研究、舆情扩散机制以及社会组织的形成与演化、SARS 的产生等研究领域已成为多主体代理建模研究的主要领域。多主体代理模型的主要特征是由简单相互关系代理组成系统整体表现出非线性且复杂的模式。

4. 复杂自适应系统各领域的研究现状

在经济学领域，（Tay & Lusch，2007）基于复杂自适应系统理论对市场主体竞争过程和竞争策略的意义进行研究，多主体建模仿真结果指出提高企业灵活性（Ambidexterity）将使企业在残酷的市场竞争中获胜的概率更高。Amin 等（2000）研究电力市场企业间的合作竞争关系，基于建模仿真得出代理企业间能够通过合作和竞争扩大市场份额，达到多赢的状态。孙冰和袭希（2012）以知识的属性、专业水平（知识的适应强度）、能力三个维度为核心建构了知识密集型产业技术的非动态知识空间模型，通过仿真表明技术在知识密集型产业模型的复杂自适应特征更为显著，适应性是技术演化的根本动力。白世贞和郑小京（2008）建立了基于代理供应链 CAS 适应系统的三层—回声模型，通过该模型透析了所建立的供应链复杂系统中主体的各种行为以及行为背后所掩盖的内在机制；最后对系统进行优化调试，使主体携带的资源流得到整合、协调。

在管理学领域，Cynthia（2005）基于SWARM仿真工具方法，建构了企业知识共享影响因素模型，仿真检验了对行为代理特征属性、代理间关系、外部环境条件三因素对知识共享行为的影响。由此，复杂自适应系统理论可以帮助学者在探讨管理方面问题时寻找所研究对象的一般演进发展规律，它的核心在于模型的正确建立并利用计算机仿真模拟的方法进行验证和预测评估。宋新平等（2010）认为，构建动态竞争优势是中小企业构建竞争情报系统的主要目标，最后基于复杂自适应系统理论提出了一种基于动态竞争优势的中小企业竞争情报系统，并探讨情报系统的整体构架、运行机制及技术支撑。

张立斌和钟复平（2011）分析了领导学中的普通管理观与特殊管理观，指出一些固有领导观念的弊病，基于复杂自适应系统提出了“允许、可接近、调和”的辩证管理理论，最后对复杂自适应系统领导的生成路径进行分析研究。李秋迪等（2013）透过案例分析的研究方法建构了电子商务企业IT能力演化模型，研究了企业在IT支持业务、融合业务以及引领业务三阶段的反应机制和分阶段的演化过程。雄安新区规划、建设、运营过程中，可能面临复杂的多灾种、交叉性公共安全风险。周霞等（2019）指出，作为城市社会的基本单元，社区安则新区安。建设韧性社区是贯彻“总体国家安全观”、打造韧性城市的“最后一公里”，是创新和发展基层社会治理的必由之路。他们从复杂自适应系统理论视角，剖析韧性社区自适应、网络性和多样性三大基本特征，进而提出由“设施环境”“成员自有资源”“制度及组织环境”“经济及公共服务”和“社会资本”组成的社区韧性资源系统；预测雄安新区未来“新建社区”“搬迁社区”和“既有社区”的韧性资源特征，并从五类韧性资源的建构与整合入手，提出“基于城市微循环营造设施环境韧性”“合理布局与统筹社区成员资源”“智慧化监测预警机制和常态化韧性评估机制”“加强经济韧性建设与公共服务的差异化供给”“打造社区自适应能力提升内核”等雄安新区城市社区韧性提升策略。

（四）共生理论

1. 基本概念

在生态学的基本概念里，生物种群是指在对应的时间和一定空间内由存在的同一物种生物所构成、具有一定层次结构和功能的单位集合。群体内部个体并非孤立存在，它们往往具有复杂组织关系而构成一个有机整体。如果两个生物种群必须生活在一起，分开后这两个种群都不能生存，那么这种对双方有利的关系称为共生，也叫互利共生。例如，豆科植物与固氮菌双方均离不开对方。共生（Symbiosis）最初由普鲁士科学家 Anton 于 1879 年提出，他指出共生的内涵即是合作。目前学者对此达到基本的共识：共生是指不同种属或者叫共生单元按照某种形式在一定的环境中形成的关系。生态学上两种及两种以上生物种群基于某种生存模式和关系相互依存、协同演化；在经济管理学领域可认为：某种企业种群的存在与演化离不开其他方面的制约和影响，这些方面包括其他企业种群、产业环境、地理区位、政策法规。而该企业种群的成长同样反作用于其他种群，进而它们彼此产生适应性的进化。

从生物共生的概念上来理解，共生学说囊括共生单元、共生模式和共生环境三个要素。它们之间的相互作用与影响是对生物种群的动态演进机制和方向的反映。在三要素对于共生关系的反映中，共生单元是构成关系的基本元素，共生环境是构成共生的存在前提，共生模式反映共生关系的核心。作为共生关系的核心，共生模式决定其他两共生单元的交互关系和作用。主要体现在反映和确定共生基本元素之间具有的生产和交换关联关系，并且确定共生单元和共生环境在系统内部的地位和作用。共生单元与共生单元之间的交换内容囊括能量、能力、信息以及物质。

共生模式是指共生单元之间交互作用与结合的某种形式。它作为共生关系的核心，反映单元之间相互影响的形式。从资源流交互的角度来分析，共生模式既表现出单元间的信息流动，又表现出单元间的能量变动关系。从共生关系的利益角度来分析，共生模式可以分为共生组织模式和共生行为模式。所谓共生组织模式，是指点共生、间歇共生、连续共生和一体化共生四种情况，如表 2－2 所示；共生行为模式包含三种，即寄生模式、偏利共生模式和互惠共生模式，其中互惠共生关系又分为非对称互惠和对称互惠两种，如表 2－3 所示。种群的共生模式并非一成不变，由于往往处在动态适应性环境中，单元性质也受各种因素的影响发生动态的演变，它们的共生模式也将随着动态的变化来适应新的环境。比如，在行为模式中共生单元之间寄生模式在一定条件下可以演进为偏利共生模式，再进一步演化成互惠共生。从共生组织模式中，点共生可以演变为间歇共生、连续共生直至一体化共生关系。

表 2－2　共生组织模式

	点共生	间歇共生	连续共生	一体化共生
演进等级	低级阶段	进化阶段	发展阶段	高级阶段
主要特征	双方属于点对点合作，合作方式具有随机偶然性、短期性、不稳定性	双方合作进一步增强，但仍具有短期性和偶然性	共生单元之间合作过程连续，具有长期性和稳定性	整个系统内外部分都处于共生状态。系统一体化，相互渗透，各自失去独立性

表 2－3　共生行为模式

	寄生模式	偏利共生	非对称互惠	对称互惠
演进等级	低级阶段	进化阶段	发展阶段	高级阶段
主要特征	能量在共生单元之间由寄主向寄生者单向流动，没有新能量生成	尽管有新能量生成，但流向单一。对一方无益处亦无害处，但对另一方有利	新能量在共生单元之间分配，但分配不均匀	新产生的信息资源双向或者多向流动，利益交流机制稳定，分配均匀

2. 共生学说在社会科学领域中的应用

随着共生理论的不断发展和成熟，共生不仅仅属于生态学领域，在社会学领域、经济学领域、哲学等领域中，共生理论都得到极大的应用和延伸。共生理论在经济学领域应用最多，主要包括产业集群、企业管理、技术创新和扩散、旅游、农业经济等方面。

荆莹以共生理论为基础，首先对晋商文化景区进行全面的分析，就景区实现优化共生模式机制作了研究。程大涛（2003）基于共生组织模式和共生行为模式视角分别讨论了企业集群组织的演化条件和方式，探讨了企业集群共生程度和其他特性。陶永宏（2005）研究了船舶产业集群的共生模式，探论了船舶产业集群共生的均衡条件和稳定性，实证验证了长三角区域和泰州市的船舶产业集群共生模式以及共生关系特征，结果表明，当前集群仍处于发展的较低阶段并提出了相关建议。刘明广（2012）基于种群共生理论构建了产业集群共生演化模型，对东莞纺织轻工产业集群进行了实证研究，结果验证了演化模型的可行性。何炳华（2013）依照产业组织研究经典范式结构—行为—绩效 SCP 分析了集群与供应链的共生机制，基于两者的共生模式特征建立了 Logistic 模型并根据不同的共生模式进行了数据仿真，结果表明，集群供应链共生模式可以凸显外部效应带来的收益，可以创造集群供应链社会资本与关系网络构成和发展的良好条件。张珊红（2008）通过对供应链利益分配相关影响因素的优化组合，基于共生理论提出了新型供应链利益分配机制，以达到供应链企业间互惠共生的目的。

共生理论也被用在金融模式、企业营销战略、财务管理等领域。金融共生理论在 2002 年被袁纯清首次提出。该概念是指在一定的共生环境中银行与其他银行、非银行金融机构以及企业之间形成的相互依靠、互惠共存的共生关系，并提出不间断对称互惠共生是当前我国最佳的金融共生模式（袁纯清，2002）。冯银虎和薛阳（2013）以伊利与蒙牛为例，基于共生营销视角建立新型竞合战略模型，达到有效规避国内乳品企业内部恶性竞争的目的。

在社会学领域中，胡守钧（2006）基于社会存在理论首次阐述了“社会共生”这一观点。他认为，人类由于生存的需要，彼此之间建立的相互依靠、共生生存的网络关系就是共生，是人在现代社会的基本生活方式。从这一概念出发，胡守钧对人类生活的社会系统进行了梳理，对其系统囊括的共生规律和机制做了深入的研究。

在哲学领域中，杨玲丽（2010）认为，“共生”在哲学层面上的核心含义就是双赢和共存，是互利共生（也包括偏利共生）现象的哲学抽象。

共生思想也融入经济产业研究领域中并诞生了与之相关的概念，如产业生态学、产业共生网络和生态产业园等。Frosch（1989）提出了产业生态学的概念，指出产业在创造价值的过程中应充分提高资源的有效利用率，建立能够优化物质与能量耗损的工业生态系统，以提升系统资源循环再利用的能力。

生态产业园是工业生态学和共生理论交织产生的一种实体产业组织形态。Lenzen（2002）对生态产业园的概念进行明确的定义：产业生态园是在一定空间范围内策划建立实施的一个资源循环利用与可持续发展的产业园区。Chertow（2000）基于卡伦堡等模式的认识，认为演化成熟的生态产业园应该是稳定的、多样性的工业共生系统。生态产业园是一个有机工业系统，它既可以提高经济资源利用效率，又能保护生态环境。与传统产业园相比较，除了企业聚集、地理区位优势以及基础设施共享等共同特征外，在建设原理和内部联系方面生态产业园与传统产业园有着本质的区别，它有助于提高资源利用率、提升生产效率、降低运营成本，更具效率和竞争力，更能有效地促进环保（Ruth，1998）。

3. 产业共生研究

由于和生态系统具有相似的特征，共生理论也被用在产业融合方面的研究。产业共生是指产业内同类、不同类企业种群依托物质、信息、能量等资源互惠互补共同形成一个具有共生特征属性的系统（胡晓鹏，2009）。产业共生系统可以改善资源配置有效利用率。横向上，资源共享互补可以增强产业融合；纵向上，上下游企业都是共生单元，这些企业种群通过共生三要素形成纵向合作竞争机制（岳宇君，2013）。

从概念上来理解，产业共生是指上游产业输出成为下游产业的输入原料，且这一过程能够优化能量和物质耗损。共生企业在提升企业的利润率和核心竞争力、产业资源配置效率以及实现环境保护方面有着巨大的潜力和优势。产业共生网络是指互惠共生企业之间交织生成的网络集合。Hakansson（1987）认为，企业在正式关系或非正式关系下共生合作，自然而然会与其他共生单元发生交换和传递产品、服务或信息等资源。产业共生不仅可以体现企业之间的物质能量交换、资源流动等，还非常重视企业种群间的合作关系。它显示了企业之间的全方位合作的事实。产业共生的初衷在于资源有效循环利用、配置使用方法上。从这个角度上来说，共生具有“废弃物”再生利用的特征。企业行动主体从共生关系中获得合作竞争收益和一体化效益。广义上讲，产业共生是指在产业不断融合发展下，不同企业出现互动、协调的态势。它强调共生—融合—交互—协同。Van Berkel等（2009）在工业生态社会物质代谢研究领域基于MIF（物质流分析）探讨了案例城市如日本川崎、中国苏州等城市尺度的代谢问题，为其他城市经济转型可持续发展提供了借鉴。

共生理论也被用来研究生产性服务业和制造业领域方面，获得了许多大有裨益的研究成果。徐学军等（2007）研究了生产性服务业与制造业共生模式与交易类型的作用机理，指出两者存在的对应关系，最后对两者服务产业共生模式的影响因素进行了探讨。于斌斌和胡汉辉（2014）以制造业与服务业的“挤出”“偏利”和“互惠”三种效应为理论基础，建构了共生演化模型，实证分析义乌与柯桥两大商圈，并验证了两者共生演化路径。针对产业转型条件下服务业与制造业融合，王晓红和王传荣（2013）提出了适应于我国的产业融合路线图，并指出应建立两者互动融合发展机制等。

Desrochers（2001）认为，成本论是企业之间形成共生网络的主要动因；朱玉强等（2007）研究发现，提高资产专用性和交易频率有助于提高共生关系。刘英基（2013）分析了现代产业的共生网络特征，指出推动产业高端化需要以产业共生网络为依托，构建新型协同创新联盟，以知识增值和附加值率提升为核心；同时提出了我国产业高端化的协同创新机制，并基于实证的方法研究了协同创新因素对产业高端化的影响。吴金玉等（2019）构建知识协同概念模型，用以描述概括技术创新网络知识协同创新机制启动的条件。他指出，如何将复杂抽象的经济环境因素转化为可测量的参量，并用数学语言描述参量之间的关系，是构建该模型的两大难点。以协同学的核心指标序参量分析网络的知识和结构由无序向有序转变的过程；以共生度作为模型的调节参量。他创新性地提出知识协同是知识、组织能力熵变过程与节点共生关系演化过程相互融合的结果；进而提出知识协同的三维概念模型。

三、文献综述

（一）关于快递业的研究综述

1. 国外文献研究综述

（1）行业发展与咨询研究。2005 年 5 月，牛津大学发表了关于快递行业发展研究的报告——《快递产业对全球经济的影响》。该报告在对全球典型国家和地区快递产业案例分析和问卷调查样本研究的基础上，提出了五方面的观点和内容：①对全球快递业现状以及未来 10 年经营规模的评估预测；②指出快递业对促进贸易进出口额的增长以及提升贸易优势地位的作用；③分析了快递业在提升企业生产效率水平和风险投资吸引能力方面的影响；④测算快递产业对世界经济增长的贡献率及估算快递产业增长率；⑤分析了促进快递业发展的政策性因素。

Stilgoe（2007）评论了美国最大的铁路快递企业 REA 的企业发展历程。

（2）网络布局：设计和优化。Goodovitch（1996）分析了快递产业发展的初级阶段，特别是对快递网络的选址以及网络优化等方面做了定量分析。Shaw（1993）研究快递终端交换枢纽的选址问题。Elhedhli 和 Hu（2005）基于运筹学原理研究了对话中枢的网络优化，并以联邦快递为例进行了实证研究。Armacost（2002）基于航空货运网络路线设计利用复合变量公式方法来解决快递装运服务网络设计问题。Amini 等（2005）针对快递投递问题，基于非线性动态方程设计了两类新型投递路线并进行了仿真验证。

Marcel 等（2010）指出，在日趋激烈的竞争压力下，快递企业优化网络是取得优势的重要保障，最后针对优化问题提出了宝贵的意见。

（3）市场竞争与政策规制。世界各地区快递产业协会基于规制的视角去考虑区域性快递市场的形成、竞争以及市场准入许可。全球快递协会（GEA）分析了囊括日本、美国、欧盟等 100 多个国家和地区的快递市场规模、竞争形态、市场准入政策和邮政服务规制，为各国相关机构、企业以及学者提供了借鉴。

Bergsten 和 Fred（2005）研究了本土快递企业面临全球市场竞争的环境。Sokol（2002）分析了邮政普遍服务和快递业的冲突以及竞争态势，最后基于管制的角度提出了宝贵的政策建议。世界贸易组织（WTO）（2009）讨论了邮政和快递的联系与区别，组织成员一致认为，快递服务同邮政服务一样是全球通信服务中的重要组成部分，快递服务对全球经济发展和文化交流起着重要的作用。

除上述提到的研究方面之外，还有一部分文献针对具体问题进行了深入的研究和探讨，包括关于快递产业的信息化服务水平问题、快递服务质量评价体系构建以及快递企业的竞争策略等。

国外文献关于网络设计与优化研究的居多，此外，在市场监管领域重点关注市场准入和开放。对行业的回顾和展望也是很多研究者关注的话题。

2. 国内文献综述

（1）专著及研究报告。中金企信研究中心（2012）以定性分析方式为主，辅以专题分析，针对快递业发展的现状及需要配套的产业政策等问题做了进一步研究，该研究为中国邮政业体制改革工作的开展和快递产业的发展提供了很好的借鉴，最后预测了未来5年快递行业的投资前景。

徐希燕（2009）重点研究了快递产业与国民经济发展之间的关系，对快递业务量与某些国民经济指标之间的相关性关系进行了研究，基于多元逐步回归的方法构建了相关计量经济模型，最后基于时间序列法等预测未来数年快递业务量对计量模型中相关宏观经济指标的影响。

国家邮政局（2011）编著的《快递业务概论》首先定义了快递服务的内涵与我国快递产业的发展历程，介绍了国内、国际快递服务的种类、流程规范以及相关禁止或受限相关规定，阐述了国际快件通关以及快递服务合同的管理与操作规定，最后举例说明了快递产业中的信息管理应用。

高斌和陶伯刚（2013）全面详细地对快递业和快递服务做了系统阐述，分析与融合，涵盖与快递业相关的一些产业经济管理问题，提出了快递服务质量的影响因素指标体系以及提高途径。他们首先介绍了快递业在国民经济中的地位、作用以及发展历程，对快递网络、市场结构以及市场营销等进行分析，研究了快递产业发展监管体系并提出相应的建议，最后综述了快递产业绩效的分析方法。

（2）行业发展研究。包含对我国快递业发展的回顾、展望与分析。董莉基于二次曲线模型利用现有的快递业务数据评估预测了快递业未来市场规模，认为快递业快速发展需在企业信息化水平、科技装备自动化水平方面采取有力措施。李刚（2010）从需求和供给两个角度实证研究了我国快递产业发展及其主要影响因素的相关性，最后对我国快递市场发展做了预测分析。

张国红（2012）采用SWOT钻石模型探讨了我国4家民营快递企业的竞争力问题，基于灰色关联模型建立了快递企业竞争力影响因素衡量指标体系，通过比较顺丰、申通、宅急送、天天快递与EMS仿真结果表明，顺丰的市场竞争能力最强，说明快递企业的发展需同时注重规模效应和服务质量。北京交通大学课题组（2013）提出了“十三五”我国快递业发展的目标：提升企业实力；提升服务水平；转变服务模式；完善支撑条件等。课题组成员也对我国快递业的发展进行了思考和探讨。

（3）企业竞争与市场结构分析。这部分综述主要是对快递业市场需求、快递企业竞争力、国内快递业市场结构以及发展战略和竞争策略的研究。林颖娟（2008）设计了快递业的消费者需求市场调查方案，并在此基础上建构了快递服务需求描述系统，描述内容包含快递服务价格、时限、内涵、品质等方面，通过聚类分析调查获得的数据概括出四种个人服务需求类型。

杨帆（2012）指出，作为弱自然垄断行业，随着跨国快递企业的进入，我国快递市场结构发生了比较大的变化；基于博弈理论对跨国企业进入中国快递市场的商业经营模式以及行为模式进行了研究；通过因子分析法对我国快递产业的市场绩效进行实证研究，结果表明，FDI（外国直接投资）提高了我国快递产业的整体竞争能力，推动了产业的健康发展，使得产业市场结构不断趋于合理。

黄伟（2008）基于 BCG Matrix（波士顿矩阵）研究了速递物流 EMS 的市场竞争地位，并针对国内异地、国内同城、国际业务分别提出不同的发展策略。侯丹（2010）首先对我国民营企业的外部机遇、外部威胁、内部优势与劣势以及风险进行分析，接着基于模糊综合评价方法建立了民营快递企业核心竞争力评价指标体系，以顺丰快递企业为实例检验其核心竞争力，指出提高我国民营快递企业核心竞争力必须从战略制定、人才培养、服务质量、信息化管理和外部环境这五个核心策略入手。达瓦（2011）指出，快递具有服务生产与服务生活的公共服务属性，全球经济的持续性增长与信息化网络的发展使得快递业需要应对这些丰富多样、多层次的需求。

周兴国（2012）采用工作体验、访谈调研、文献参考等方式，基于 SWOT 分析法研究了我国民营快递企业的核心竞争力，分析了我国民营企业的后发优势和短板并提出针对性的策略和建议。朱敏（2009）研究了快递企业在不同协作模式下企业间的利益分配问题并分别给出对应的利益分配策略，其中委托代理理论适用于完全协作模式：夏普利值法适用于部分协作模式。余庆以晨希快递公司为案例，在顾客满意度指数模型的基础之上构建了快递服务满意度评价指标体系，通过问卷调查分析得出，品牌形象、服务质量以及价格是影响顾客满意度的关键性因素。

张启波（2012）指出，快递服务只有特殊性，定价受到企业战略、市场需求、竞争、服务内容与水平、成本等因素的影响，为此构建了快递服务价格对策模型并进行仿真检验，结果表明该方案具有一定的可行性。基于复杂网络理论方法，谢逢杰等（2017）用点表示快递企业，以快递企业服务网点所处地域的重叠程度定义企业间的竞争关系，构建快递产业加权非对称竞争关系网络模型。结合快递企业服务网点地域分布的实际数据，形成快递产业竞争关系网络拓扑的抽象描述，分析其拓扑结构的复杂特性。结果显示，快递产业竞争关系网络是一个小世界网络，其累积入强度和出强度分布分别表现出快速衰减的尾部和指数截断的特点，具有典型的富人俱乐部现象，但社区结构不明显。以这些结构特征为基础，对其经济意义进行解释，为快递企业服务网点布局及快递产业政府监管部门合理引导产业竞争提出建议。

还有很多学者如杜裙、毛达、许可嘉、王永刚、蔡环宇、陈玲、袁庆达、沈雁、盛强等从各自角度对不同快递企业和业务的发展提出自己的看法。

（4）快递网络布局优化。张哲辉（2005）通过理论与实际案例数据相结合的方式探究了快递服务网点的布局优化问题，在综合评分法、层次分析法、系统聚类法的基础上，构建了服务网点布局的优化模型，并进行数据模拟，验证了优化模型方案的可行性。

匡旭娟（2008）基于演化经济学思想探讨了我国快递产业的演化历程，在分析快递产业的行业特征、产品属性、网络形态以及运输资源分布等特性的基础上，构建了快递业演化作用机理模型并做了相关讨论，最后通过案例分析了典型发达国家快递业的发展历程，为我国快递业的发展提供了相应的政策建议。

李炳会（2008）基于蚁群算法研究了快递业配送网络优化问题，构建了符合实际的快递业服务物流配送路由优化模型，并仿真验证了模型的有效性。

张生润（2009）基于数据拓扑关系理论，在参比和剖析了HUB模式、中转模式以及直达模式这三种主流网络模式优缺点的基础之上，深入研究了快递业的网点布局优化问题。以邮政EMS的生产数据为基础，对其方案在组网模式、网络结构、节点选择、运输组织等方面的问题逐一进行论证和分析。赵彬（2011）分析了我国快递业市场需求与发展现状，确定了经济发展水平、人口、居民收入以及道路交通作为快递企业网点布局优化的影响因素，通过A快递公司的实证研究，验证了所建立的网点布局优化方案的有效性。张祚等（2018）以武汉市一所兼具综合社区功能的大学校园作为研究区域，通过实地数据采集与调研，从不同空间尺度与维度分析了校内快递投送点空间分布与空间形态、快递收件人所在地与快递来源地空间网络分布特征。结果显示：①校园内快递投送点在夹缝空间中快速“生长”；②网购与快递投送改变了校园内及其周边的人—空间关系；③网购过程弱化了中间环节与距离因素，也影响个体对于传统实体空间关系的认识。最后提出建议，无论校园还是社区都亟待采取更有针对性的科学空间规划与管理控制措施，同时相关部门应重视互联网经济下地理—赛博空间逻辑关系的改变，加强商业空间规划布局的更新、功能升级以及对赛博空间的管理。

（5）快递规制与监管。魏莹（2007年）针对我国快递业发展面临的两个现实性问题（一是邮政与快递业关系问题；二是快递行业规制问题）进行了讨论，研究了世界典型发达国家与发展中国家快递产业和邮政改革历程，并提出了相应的解决思路和建议，她认为公正公平的产业竞争环境对快递业发展可以起非常重要的作用。吴传岭和施国洪（2010）认为，促进民族快递企业的快速发展需要积极的税收政策来实现，首要任务就是统一邮政与民营、内外资快递企业的税收政策，统一税收目录以及税率；实施区域政策倾斜等也是一个良好的措施。

赵馨（2009）系统分析了我国快递业面对的外部政策环境和行业规制现实情况，通过对欧盟德国、法国和美国等国家快递监管体系的分析对比，提出了适用于我国快递产业的监管体系设计方案。杜超（2010）指出，邮政专营在快递服务选择上使得自主选择权受到一定的阻碍，最后提出应尽快建立快递行业监管制度。程萌（2013）从产业规制的角度首先分析了我国快递业服务质量规制存在管理职责不明、服务不清、监管法规缺位以及政府对内开放政策不足等问题，参考了国外发达国家如英国、美国、德国等快递服务质量规制经验，提出应实施以法律为中心、激励性规制手段的监管体系。

我国快递企业的发展起始于20世纪80年代，远远晚于跨国快递巨头。通过对国外快递企业成长的研究可以为我国企业提供良好的参照。关姝颖（2008）以联邦快递（FEDEX）的经营状况为例，总结了联邦快递的发展战略、发展现状以及以人为本的发展理念，为国内快递企业提供了了解国际跨国公司先进经验和理念的良好机会。

还有很多学者如马文、戴定国、余曰、刘一心、方怀银、赵玉敏、陈小龄、肖莹莹、张晓丹、赵宝柱等从不同的视角探讨了国际快递的发展历程。

刘毅（2008）、张庆（2009）等都把研究的关注点集中在快递信息化上。

萨茹拉（2010）以电商市场快递服务为研究对象构建了民营快递业客户满意度指标体系，通过问卷调查数据分析得到影响客户满意度的关键因素，并提出相应的应对措施。

国内的研究偏重于网络和企业发展对策，在快递与电商相互作用机制研究方面所涉及的文献偏少。仅有的几篇文献研究所用模型大多从整体上构建，未从仿真的角度去验证。以数理分析等为主，不能解释快递业与其他产业间的相互影响关系。其中，与本书的研究较为相关的文献如下。

国家发展和改革委员会基础产业司于2013年出版了《快递业发展的有关问题研究》，该课题的研究以定性分析方式为主，辅以专题分析，该课题的研究对象是快递业发展中需要配套的产业政策问题，其研究成果对快递产业的发展提供了很好的借鉴。

王倩和张旭凤（2010）通过建立系统动力学模型来模拟同城快递运行系统，指出同城快递业运营不仅受业内竞争的影响，还受当地经济水平的影响。但该文假设快递企业同质，没有考虑与网商的利益协调关系。最重要的一点是，虽设计出模型，但并没有进行仿真，因此没有办法验证其所建立模型的实际效果。

萧瓙（2011）提出快递产业链，但并未对快递产业链的相互关系和作用机制进行研究和探讨。杜艳（2013）分析了中国快递产业链的组成，并构建了其结构模型，深入研究了快递产业链的形成演化机制、现有不足以及发展趋势。基于计量经济学方法通过实证研究了快递业对中国国民经济和产业发展的贡献率。该文没有对快递业与电子商务之间的关系进行系统研究，只侧重于宏观经济计量方面的研究。郑文和王倩（2016）运用数理模型，分析快递服务提供商定价中的行为策略选择问题，将影响因素量化，使参与者行为策略选择过程更加直观、充分。利用进化博弈的方法，解决快递服务定价参与者行为策略选择的影响，并提供数值模拟分析结果。考虑到快递服务提供商和快递服务接受者的有限理性，通过两个决策主体之间的博弈行为确定相对合理的定价与收益，并确定双方行为策略选择。

（二）快递业与电子商务产业链协同的研究综述

1. 国外研究综述

Haul 和 Seungin（2002）认为，电子商务快递配送是完成电子商务实现物品传递过程的末端。Ngai 和 Wot（2002）认为，电子商务有技术层面和活动规范两方面研究。汤浅和夫（2002）指出电子商务重新赋予住宅配送新的含义：快递是电子商务时代的整体支柱。美国佐治亚理工大学、田纳西大学的联合研究结果表明，第三方物流配送与其他物流配送模式相比具有无可比拟的优势，电子商务第三方物流配送模式具有良好的经济效益和社会效益。

Frohlich 和 Westbrook（2001）提出由网商与消费者构成的电子商务快递服务质量感知模型。通过对两者关系的深入剖析与仿真分析，他们指出消费者对快递服务满意度较低。研究表明，物流配送在电子网络购物交易活动中有至关重要的作用。仿真结果显示了网商与消费者对网购快递服务满意度较低的原因是快递服务承诺与实际快递配送之间产生了感知落差。他们认为，提升客户的快递服务满意度需控制规范的物流配送质量控制程序。

Tuan（2012）通过案例分析指出，不少电子商务企业在激烈的市场竞争中衰败的主要原因是企业没有认识到快递配送的重要性。第三方物流企业（尤其是快递企业）是电子商务企业最好的选择。Chaffey（2007）主要研究了欧美典型电子商务企业及其商业模式，讨论了它们的物流配送战略并针对其面临的物流配送问题，提出合理的模型和一些关键管理的方法以及战略方案。Canhong 等（2012）研究了智能化与网络化协同的物流管理支持系统，可有效提升快递企业的配送效率。

2. 国内研究综述

国内现有研究快递业的文献中，对电子商务和快递协同发展方面的探讨相对较少，且大多从定性的角度来讨论协同的必要性。这些文献主要集中在电子商务与快递发展过程中存在的问题及协同建议等方面，对问题的描述以及针对问题解决问题的方法等方面多流于语言层面，缺乏必要的系统性建模。

（1）供应链协同角度。刘满成和曹学庆（2003）指出，电子商务协同化物流模式具有比较大的优势，完善协同化物流模式是提高快递顾客服务质量的主要措施之一。孙瑞者和黄辉（2009）剖析了 C2C 电商物流模式的现状，提出了整合现有快递资源将 C2C 电子商务物流网点作为快递投送配送终端的电商物流发展新模式，以满足消费者多层次、多样性的要求。李莎（2010）探讨了电子商务与快递产业的特征，针对两者在协同发展中出现的矛盾问题，参考供应链协同 SCOR 与 CPFR 模型，提出了电子商务与快递业的协同发展模型。殷华分析了快递爆仓的原因，指出这是由于电子商务与快递业协同度低造成的，发展快递业与电子商务协同关系实现协同一体化具有重要的现实意义。

张援越（2012）从市场供给、快递利润率、市场结构和不可抗因素等几个角度分析了快递爆仓的原因，提出了增加市场供给、形成合理的价格形成机制、调整经营理念、构建应急方案等建议，指出快递业和电子商务的协调发展是市场的客观要求。杨驭越（2012）基于供应链理论深入研究了电子商务和快递业协同演化的可行路径，并提出具体的指导意见和对策。罗琼（2013）分析了当前电子商务与快递业的协同现状，探讨了我国电子商务与快递产业协同度低的深层次原因，分别从战略层、战术层和操作层提出提高电子商务与快递行业供应链协同度的策略建议。孔令夷（2013）首先从核心能力、协同关系和交易费用三个角度综述了当前研究的现状，阐述了实现协同的必要条件以及现有技术的新成果，指出系统工程学将有利于弥补当前电子商务供应链协同研究的欠缺。武淑萍（2016）将电子商务系统与快递物流系统看作两大复合经济系统，应用协同学序参量原理，构建了电子商务系统与快递物流系统的协同发展模型，以测度其协同发展水平，并应用近十年的统计数据进行实证研究。

孙浩和薛霄（2016）根据电子商务生态系统特点，使用多主体（Agent）建模技术并基于 Java 语言在 RePast Simphony 平台上构建电子商务生态系统模型，通过计算实验的方法对系统模型进行仿真实验。结果表明，该系统模型能够直观展现演化过程以及微观因素与宏观演化的关系。薛霄等（2017）研究电子商务服务运行机制对依靠传统供应链运行的企业的影响，在对供应链进行抽象的基础上建立了服务桥模型，用于验证不同的服务运营策略将产品或服务由供应商到达需求方时难易程度的不同，提出针对电子商务服务运营的计算实验研究，包括模型构建、模型实例化及计算实验三部分。

（2）路径与策略角度。覃伟霞（2010）首先阐述了电子商务与快递业的关系现状，针对两者的协同路径提出了提升快递物流管理水平的具体相关建议，以使两者能够健康发展。张旭（2010）指出，电子商务发展的瓶颈依然在于快递业运行的效率，建立信息化、产业化和现代化的高效率的快递体系是发展电子商务的当务之急。

张玉巧（2011）认为，电子商务与快递业协同度低的原因是多方面的，如电子商务和快递业信息不对称、网购市场的周期性波动与快递企业的应对管理措施等，最后对应三种原因提出了促进快递业与电子商务协同演化发展的建议。

侯丹（2012）、张佳彤（2013）剖析了电子商务市场上网商与快递企业争利等阻碍快递业发展的因素，提出了包括电子商务方公开快递服务价格及建立合理的利益分配机制等实现快递业与电子商务双赢发展的建议与策略。

刘丹（2014）从协同学的视角提出了电子商务与快递产业复合系统协同度测度模型以及评价系统有序度的指标体系，并利用年度数据进行实证检验，最后依据协同效应原理指出了两业协同发展的可行性路径。曾佑新和聂改改（2016）在对大量文献参阅与研究的基础上，通过分析电子商务与快递物流之间的关系，构建了两者的发展协调度评价指标体系，以系统协调度和相对协调度为评价指标，利用熵权法赋予各个指标相应的权重，对2008～2014年我国电子商务与快递物流的发展水平分别进行综合评价。然后利用综合得分，建立距离协调度模型，对两者的协调度进行分析，得出结论，电子商务与快递物流的发展总体上一致，但快递物流的发展滞后于电子商务的发展。最后分析快递物流滞后的原因，并提出相应的对策建议。梁雯和柴亚丽（2018）为探析协同发展的轨迹与路径，以2007～2016年全国面板数据为基础构建相应的复合系统协同度模型与指标体系，评价我国电子商务子系统与快递物流子系统发展有序度以及复合系统协同度。结果表明，2007～2014年，电子商务子系统发展有序度高于快递物流子系统；2015～2016年，结论刚好相反，电子商务与快递物流复合系统协同度增长缓慢但总体呈现上升的趋势，其发展是一个螺旋式上升的过程。

3. 产业链利益协调与分配

总结上述相关文献，学者研究电子商务与快递产业协同发展，绝大多数现有文献定性分析和描述了两者出现的协同问题，并提出了对应的处理策略及建议，针对出现的问题缺乏系统性的研究，比如针对电商市场快递企业与网商的利益协调问题。本书主要针对电子商务背景下我国快递业当前面临的一些问题。对问题的描述以及针对问题并提出解决的方法等方面利用多种理论进行必要的系统性建模来进行研究。首先，我们需要认识一下协调机制与分配原则，并进行相关的文献综述，以便对所研究的网商与快递企业之间的关系有更深刻的理解。

（1）协调机制。协调是系统科学研究的主要目标之一。系统科学研究协调的目的就是使研究目标能够从无序向有序、从低级到高级的有组织演化达到协同状态。然而系统是由不同主体构成的，这些主体都有自己的目标。因此主体间因自身利益最大化而与其他主体发生矛盾、对立等是不可避免的。对于产业链而言，导致产业链发生利益冲突、不协调的原因主要有三个：①企业与企业之间目标不同；②主体间利益不一致；③信息不对称，使得有效信息在上下游传递时产生扭曲。因为主体间的目标和利益不同，当事双方可以通过协商解决，最终达到合作企业目标或利益趋同；而当因信息不对称引起不协调问题时，可通过采取综合措施来解决，比如增加约束机制，修改相应的规则等。这些措施的目标在于减少信息不对称对产业链各个阶段企业运行不确定性的影响，消除因主体目标不一致而造成的矛盾冲突，最终使产业链中信息、物品和资金等资源能够高效、顺畅地传递。

建立产业链协调机制就是使各个成员企业目标趋同、彼此间有较好的合作基础，能够较完善地协商解决出现的各种可能矛盾，并对目标资源等进行合理安排，提升整个产业链的核心竞争力，最大限度地实现系统的整体功能。

（2）利益分配机制。产业链利益分配遵循利益平衡原则，主要有以下四种。

一是剩余利润公平原则。产业链中企业获得的收益不小于加盟产业链前的收益，需获得产业链的剩余利润。也就是说，必须有适合企业生存的市场。

二是付出与收益相对称原则。这项原则要求市场参与主体的投入与获得的回报相符，其平均利润至少不低于社会平均利润率。

三是风险与利益相对称原则。风险是市场参与主体投入的一种要素，但与其他投入要素如资金、土地等实物要素不同。风险越大，企业相比其他风险低的主体所获得的收益不确定性也越大。因此，建立合理的风险收益分配机制，对于企业创新性具有良好的激励作用。

四是综合原则。考虑上述三种原则，统筹规划，通盘考量，综合各方面的因素选择合适的方法来确定最优的收益分配方案。

产业链企业间的利益分配方法也有四种，即平均分配法、投入资源比例分配法、风险和投资均衡分配法以及协商谈判法。这四种中最常用也比较科学实用的是第四种方法——协商谈判法。由利益相关各方在谈判中充分考虑各种因素、条件等进行反复沟通、协商，拿出一个令所有相关方都可接受的分配方案。

产业链中间产品定价往往是产业链联盟合作伙伴间利益分配的核心问题。在产业链产生价值的分配过程中，比较典型的就是供应商希望提高中间产品的价格，从而使利润增加；分销商则希望降低中间产品的批发价，同时提高终端产品的售价。如果中间产品的定价过高，那么分销商所获得的利润就会受到较大损失。

Bernstein 和 Federgreun（2003）研究了一个供应商和多个相互竞争的零售商的两阶段供应链系统。零售商的市场配额由其销售价格和所有零售商总产品销量决定。他们对供应链系统中各成员在分散决策与集中决策下的定价策略进行深入的研究，为实现整体利益的最大化建立了一个协调机制。Satyaveer 和 Chauhan（2005）对由生产商和销售商组成两级供应链的利润分配问题进行了研究，建立了一个基于承担风险和投资比例的利益分配模型。

蒋国俊和蒋明新（2004）研究了产业链中间产品定价范围问题，总结了推动产业链稳定运行的三种机制，即竞争定价机制、利益调节机制和沟通信任机制。张鹏利（2008）从产业链的角度分析了电子商务的发展前景，提出了企业进行电子商务决策的数学模型。巩永华等（2011）分析了移动互联网产业链中信息服务提供商与网络运营商关于捆绑定价销售策略的决策问题，研究了基于利益共享契约的捆绑策略下该收入分配机制的协调能力。

田厚平等（2005）基于 Stacklberg 模型研究了主生产商与从属关系下销售商两阶段分销系统的激励设计问题。叶飞和李怡娜（2007）利用 Nash 协商模型设计了一个供应商和零售商两阶段供应链系统回购契约协调机制，得到该模型可使供应链收益达到最优，也可使零售商与供应商的收益得到很大改善的结论。温阳（2011）基于供应链利益分配的研究，分析了生态供应链利益分配的特点及其原则；运用博弈论的相关理论，建立了基于经济效益贡献的生态供应链利益 Shapley 值法分配模型。杜志平和韩冰（2013）基于收益共享契约思想，通过建立系统动力学模型，研究了两级供应链的利益分配问题。余建军等（2018）在经典 Shapely 算法的基础上，建立包含投入成本价值、风险分摊系数、行业领导力、市场影响力和参与意愿强度等的利益分配修正因素集，并对其进行改进，运用修正 Shapely 值算法探讨爆仓情况下电商物流企业联盟的利益分配问题，通过算例对修正后的利益分配方案进行验证和评价。结果表明，修正 Shapely 值算法能够客观反映不同影响因素对利益分配的调节作用，体现联盟中核心企业与一般成员企业的差异，提高利益分配方案的合理性和公平性。周永圣等（2018）以快递公司与便利店合作开展快递自提服务为研究对象，对补贴价格进行研究。运用 Shapley 值法构建了快递自提补贴价格模型，讨论了补贴价格在长期和短期不同情况下快递公司给予自提消费者的补贴价格公式，并明确了快递公司补贴的范围、价格等。最后通过算例分析验证了该模型的有效性和实用性，该模型的提出对通过以补贴行为来促进快递自提模式的发展具有重要的现实指导意义。

四、关于快递业研究现状的讨论

（一）研究总结

自2003年以来，全球快递业营业额年均增长达到4%左右，高于世界经济平均增长速度。近年来中国随着网购市场的蓬勃发展，已经成为全球快递业增长最快国家，并在快递业务量上成为世界第一快递大国。

从以上对快递业的研究来看，国内外的学者都普遍认为，快递服务是全球通信服务中的重要组成部分，有着重要的经济价值和社会价值。第三方物流配送已成为电子商务物流配送主流模式。事实证明，采用第三方物流模式给电子商务带来了极大的经济效益和社会效益。在研究对象和方法方面，整个行业的发展报告一直是各国学者关注的重点。

在快递业发展以及与电子商务协同方面，国内学者对我国现阶段出现的问题达成一致：竞争处于低端水平；在产业链中地位不平等，缺乏对经营活动各环节的资源掌控和议价权；缺乏有效的参与主体利益协调机制；最后一公里问题等。

（二）综合评价

在快递业研究方面，国外文献研究的第一个重点集中在网络设计和优化问题上，第二个重点是市场监管领域，并且重点关注市场准入和开放。对行业的回顾和展望也是很多研究者关注的话题。而国内的研究偏重于网络和企业发展对策，在快递与电商相互作用机制研究方面，偏重于定性分析，一些文献中虽然有些定量研究，但研究所用模型过于简单，以相关回归分析等为主，不能解释快递业与其他产业间的相互影响关系。

在与电子商务协同方面的研究，国内外均侧重于站在网商（或者零售商）的角度来设计整个供应链系统，提高运行效率。

（1）缺乏对产业链主体间关系的研究。各种文章、专著中，偏宏观和中观角度的研究较多，关于发展前景、对策和建议较多，缺少网商、快递企业和电商平台运营者等主体相互间作用关系的研究，更缺少不同行动主体互动、协同的分析研究。

（2）对影响快递竞争的多方面因素分析不够透彻，缺乏微观层面的研究，对竞争的现象与原因分析阐述的较多，但建立相应模型的分析较少。

（3）缺乏快递业与电商竞争合作方面的研究，以往的研究往往是站在整个电子商务生态的角度将快递业作为其中的一个种群，并没有过多地研究两者之间的相互共生关系，缺乏模型化表达。

（4）缺乏相应案例的研究。目前，仅有较少文献从产业融合与协同的角度来看快递业的发展，缺乏相应的案例分析。

五、本章小结

在相关的理论基础论述中，主要综述了生态学相关理论、自组织理论、复杂自适应系统理论以及共生理论。其中，在共生理论的综述中，分基本概念、社会科学领域的应用、产业共生研究三个点进行综述分析；在自组织理论的综述中，对相关概念的区分以及理论的概述、理论研究与应用三个方面进行研究；对复杂自适应理论的综述中，分基本概念与特征、研究方法与工具以及各领域的研究现状等四点进行了综述分析；在生态学相关理论的综述中，对生态学起源、商业生态系统以及电子商务生态系统的国内外研究进行了探讨。

随着网购新型交易方式的兴起，快递业的发展与协同已成为产业界和学术界关注的热点，国外研究更多地将快递业融入电子商务供应链管理研究的范畴；国内的研究更贴近于我国快递业的发展现状，不过，多数研究仍偏向于快递业发展与协同的策略性分析。偏宏观和中观的研究较多，缺乏对快递业面临问题的本质探讨，同时对产业链主体间关系的研究很少；即使一些研究针对快递运营情况进行建模，也缺乏实践检验；缺乏快递业与电商竞争合作方面的研究，以往的研究往往是站在整个电子商务生态的角度将快递业作为其中的一个种群，并没有过多地研究两者之间的相互共生关系，缺乏模型化表达。目前，仅有较少文献从产业融合与协同的角度来看快递业的发展，缺乏相应的案例分析。

第三章

我国快递产业发展现状分析

一、行业发展阶段及周期性特点

（一）政策频出，规范指导物流行业发展

快递行业是推动流通方式转型、促进消费升级的现代化先导性产业，是现代服务业的重要组成部分，在降低流通成本、支撑电子商务、服务生产生活、扩大就业渠道等方面发挥了积极作用，已成为我国国民经济的重要产业和新增长点。近年来，国家对快递行业持续出台了《快递业发展“十三五”规划》《国务院办公厅关于进一步推进物流降本增效促进实体经济发展的意见》《国务院办公厅关于推进电子商务与快递物流协同发展的意见》等一系列鼓励、扶持政策，为快递行业稳步成长营造了良好的政策环境。

2017 年 2 月 13 日，国家邮政局发布了《快递业发展“十三五”规划》（以下简称《规划》）。《规划》明确了“十三五”时期我国快递业发展的总体目标：到 2020 年，基本建成普惠城乡、技术先进、服务优质、

安全高效、绿色节能的快递服务体系，形成覆盖全国、联通国际的服务网络。同时《规划》布置了7项任务和9大工程。7项任务中，首当其冲的就是积极打造“快递航母”，到2020年，形成3～4家年业务量超百亿件或年业务收入超千亿元的快递企业集团，培育2个以上具有国际竞争力和良好商誉度的世界知名快递品牌。

2018年1月23日，国务院办公厅印发1号文件《关于推进电子商务与快递物流协同发展的意见》（以下简称《意见》）。从制度创新、规划引领、规范运营、服务创新、标准化、智能化、绿色理念7个方面提出了18条具体要求，明确责任部门，加强执行力度。《意见》提出引导电商平台逐步实现商品定价与快递服务定价相分离，将快递选择权从商家转向消费者，快递服务体验将成为消费者选择的重要标准，未来需要差异化、多样化的快递服务来满足消费者个性化的需求。首次明确智能快件箱、快递末端综合服务场所的公共属性，并鼓励快递服务车辆统一标识管理。快递行业在智能快递箱、末端网点、末端快递车辆通行方面将得到政策支持。此外，快递物流相关基础设施被纳入整体规划，并健全企业间数据共享制度等。

2018年3月27日，李克强总理签署国务院令，公布《快递暂行条例》（以下简称《条例》）自2018年5月1日起施行。《条例》从促进快递业持续发展、服务民生、保障安全三个立足点出发，对经营、使用、监督管理快递业务作出了规范与保障，为有关部门、企事业单位、行业协会、从业人员和用户提出了快递相关法律依据，为快递业有序、健康发展提供了保障。

2018年4月19日，国家邮政局印发《快递业信用体系建设工作方案》，从完善快递业信用管理规章制度、建设快递业信用管理信息系统、建立完善信用档案、组建快递业信用评定委员会、编制快递业年度信用评定方案、全面采集信用信息、信用评定和结果应用、推进诚信文化建设8个方面在全国范围内开展快递业信用体系建设，力争到2019年底建成基本体系。

2018年5月16日，国务院常务会议提出，确定进一步降低实体经济物流成本的措施。通过采取减半仓储用地城镇土地使用税、挂车车辆购置税，“三检合一”简化货车审核，简化物流企业分支机构设立手续，加上增值税率调整后相应下调铁路运价，预计全年将降低物流成本120多亿元；提出除了降低公路交通运输成本外，还要积极发展公路、铁路、水运多式联运，最终实现一次托运、一次收费和一单到底，进一步提升物流效率。

2018年10月9日，国务院办公厅出台《推进运输结构调整三年行动计划（2018~2020年）》，提出到2020年，全国货物运输结构明显优化，与2017年相比，铁路货运量增长30%，水路货运量增长7.5%；多式联运货运量年均增长20%，重点港口集装箱铁水联运量年均增长10%以上。重点区域包括京津冀及周边、长三角地区以及汾渭平原，运输结构调整取得突破性进展。

2018年10月19日，国务院印发《优化口岸营商环境促进跨境贸易便利化工作方案》，提出减少进出口环节审批监管事项，优化口岸通关流程和作业方式，提高口岸物流服务效能，提升口岸管理信息化智能化水平，促进口岸营商环境更加公开透明五大措施。到2018年底，除安全保密需要等特殊情况外，全部实现联网核查，整体通关时间压缩1/3；到2020年底，相比2017年集装箱进出口环节合规成本降低一半；到2021年底，整体通关时间比2017年压缩一半，世界银行跨境贸易便利化指标排名提升30位，初步实现口岸治理体系和治理能力现代化。

（二）行业进入增速换挡期，但仍将保持较高的增长水平

中国快递起步于20世纪70年代末至90年代初，得益于改革开放政策，国际贸易往来频繁，经济发展速度加快，国内及国际快递业务剧增。20世纪90年代初至21世纪初，我国市场经济得到全面发展，快递服务需求开始旺盛。进入21世纪后，我国社会经济特别是电子商务得到迅速发展，为我国快递行业提供了巨大的发展空间。2007~2016年，我国快递业

务量与业务收入复合增速分别达到43.6%与31.3%。从体量来看，经过多年的高速发展，我国快递业务量规模已跃居世界首位。2017年快递行业进入了整合期，国家邮政局数据显示，2018年快递行业业务量增长26.6%，业务收入增长21.8%，同比增速放缓，但仍维持较高水平。依据国家邮政局发布的《2018年12月中国快递发展指数报告》显示，快递行业服务质量指数同比提高25%，1～12月品牌集中度指数CR8① 为81.2，同比提升2.5，快递行业进入了提质与增量并存，降本与增效并举的新周期。此外，据国家邮政局预计，2019年中国快递业务量同比增长20%；快递业务收入同比增长19%。可见，未来快递行业仍将保持较高的增长速度。

二、快递产业发展现状分析

（一）快递市场发展

1. 市场规模

2018年，快递业务量达到507.1亿件，同比增长26.6%，占据时间份额超40%，连续5年稳居世界第一。快递业务增量达到106.5亿件，对全球快递增长贡献率超过50%。11月为业务量最高月份，占全年11.6%。日均快递处理量约1.4亿件，5年来提升超3.6倍，如图3－1所示。

① 市场集中度是指某行业的相关市场内前 *N* 家最大的企业所占市场份额（产值、产量等）的总和，是对整个行业的市场结构集中程度的测量指标，用来衡量企业的数目和相对规模的差异，是市场势力的重要量化指标。CR4、CR8分别指4家、8家最大的企业占有该相关市场份额。

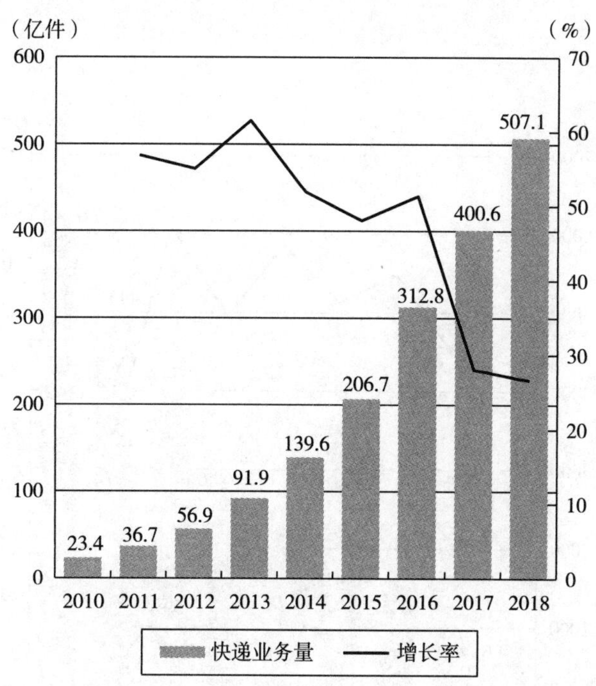

图 3－1　2010～2018 年全国规模以上快递企业业务量统计数据

资料来源：根据国家邮政局资料整理。

业务收入占邮政业比重平稳上升。2018 年快递业务收入 6038.4 亿元，同比增长 21.8%。快递业务收入占邮政业务收入的 76.4%，5 年来提高 12.5 个百分点，如图 3－2 所示。服务频次持续增加。年人均快递使用量超过 36 件，比上年增加近 7 件。

业务量增速与网上商品零售额增速趋同。两者协同效应显著，根据《2017 年快递市场监管报告》，快递支撑网上商品零售额 5.5 万亿元，占社会消费品零售总额的 15%，比 2016 提高 2.4 个百分点。带动末端配送、第三方仓储、电子商务服务等就业人口持续增加，取得良好的经济效益和社会效益。①

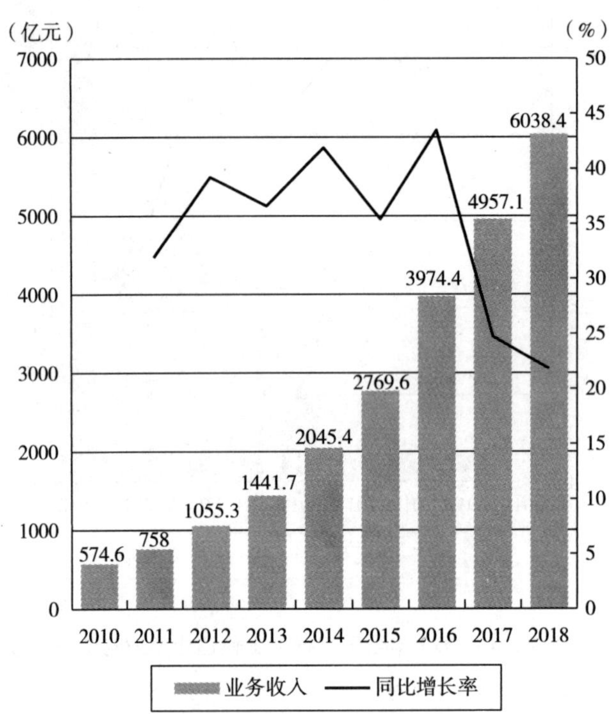

图 3－2　2010～2018 年全国规模以上快递企业业务收入统计数据

资料来源：根据国家邮政局资料整理。

2. 市场结构

（1）主体结构。市场主体竞争格局趋于稳定。2018 年，快递与包裹服务品牌集中度指数 CR8 为 81.2，同比提升 2.5，市场竞争促使资源要素加速向市场前列企业集聚，“马太效应”凸显，市场份额集中带动了整体服务质量提升。品牌化、集团化的综合性快递运营商和精细化、集约化的

① 国家邮政局．2017 年中国快递市场监管报告［EB/OL］．http：//www.spb.gov.cn/zf/kd-scjg/，2018－07.

中小快递服务商稳步发展。

（2）业务结构。2018 年，同城、异地、国际/港澳台快递业务量分别占全部快递业务量的 22.5%、75.3% 和 2.2%；业务收入分别占全部快递收入的 15%、51.4% 和 9.7%。与 2017 年同期相比，同城快递业务量的比重下降 0.6 个百分点，异地快递业务量的比重上升 0.5 个百分点，国际/港澳台业务量的比重上升 0.1 个百分点，如图 3－3 所示。

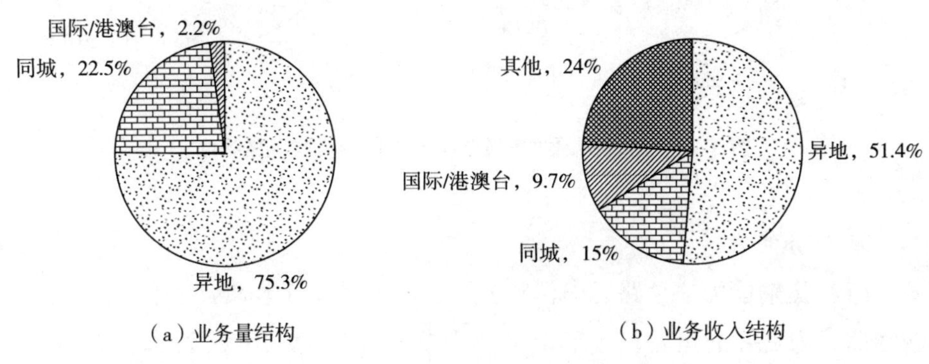

图 3－3　2018 年快递业务量结构与快递业务收入结构图

（3）区域结构。2018 年，东部、中部、西部地区快递业务量比重分别为 79.9%、12.3% 和 7.8%，业务收入比重分别为 80.0%、11.2% 和 8.8%。与 2017 年同期相比，东部地区快递业务量比重下降 1.2 个百分点，快递业务收入比重下降 0.9 个百分点；中部地区快递业务量比重上升 0.7 百分点，快递业务收入比重上升 0.4 个百分点；西部地区快递业务量比重和快递业务收入比重均上升 0.5 个百分点。如图 3－4 所示。

（4）融资结构。2017 年是快递企业上市丰收年。2017 年 1 月 18 日，韵达股份借壳登陆 A 股市场；2 月 24 日，顺丰控股在深圳证券交易所上市；9 月 20 日，百世集团在美国纽约证券交易所上市；12 月 22 日，证监会核准德邦股份首发申请并于 2018 年 1 月 16 日敲钟上市。至此，圆通、中通、申通等 7 家快递企业登陆资本市场。截至 2018 年 6 月，7 家上市企业总市值5500亿元以上。依托资本市场，快递企业加速了科技应用和全球布局的步伐，对行业提质增效、转型升级起到重要作用。

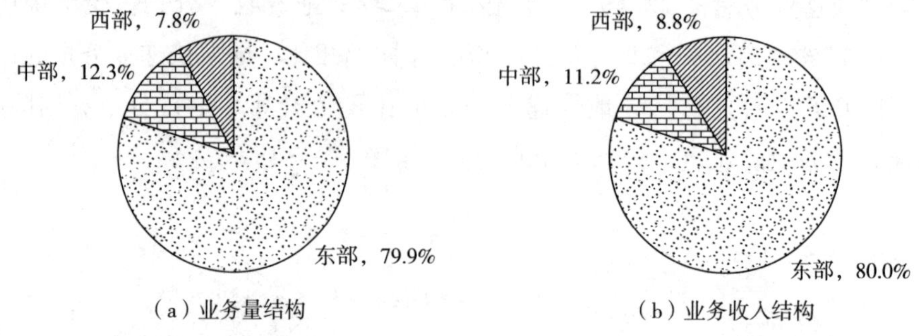

图3－4　区域快递业务量结构与快递业务收入结构图

3. 服务能力

（1）运输能力。公路运输保障充分，不断储备车辆资源和优化干线运输线路，为良好的运输调度和高效服务提供了保障，干线运输车辆超20万辆。快递企业采取自有与承包相结合的方式提高运能，依托社会化运输平台，丰富车辆来源。与公路运输企业加强合作，推进公路客运班车代运快件试点、快件甩挂运输，提高农村快件公路效率。

2018年主要快递企业公路、航空、铁路运输情况如表3－1、表3－2、表3－3所示。

表3－1　2018年主要快递企业公路运输情况

顺丰	顺丰控股自营及外包干支线车辆合计约3.5万辆，开通干线、支线合计超过9.7万条，末端收派车辆合计7.6万辆（不含摩托车和电动车）。冷藏车672台、食品运输干线121条，贯通东北、华北、华东、华南、华中核心城市①
中通	中通干线运输线路超过2100条；其拥有长途货运卡车数量逾5500辆，其中自有的4500多辆卡车中，逾2800辆为车身长15～17米的高运力甩挂车②

① 摘自顺丰控股股份有限公司2018年年度报告（注：如无特别说明，以下专栏数据均出自于同一年度）。

② 摘自中通快递2018年第四季度及全年业绩报告。

续表

圆通	公司根据运力体系建设目标，继续购置干线车辆、实施车队升级，完善公司运能体系建设。2018 年 6 月末，公司自有运输车辆达 1244 辆，实际投入运营车辆 740 辆，自有运输车辆占比快速提升①
申通	截至 2018 年 6 月，公司开通干线运输线路 2231 条，较 2017 年底增加 401 条；公司开通路由达到 9453 条，较 2017 年底增长 84.02% 干线运输车辆方面，公司共有干线运输车辆 4053 辆，其中直属于杭州申瑞（全资子公司）的车辆数为 2347 辆，干线运输车辆自营率为 57.91%；在车型方面，公司共有 13.5 米以上的干线运输车辆 1750 辆，其中直属于杭州申通的车辆数为 1155 辆②
韵达	采取承包车、合同车、卡班车、网点自跑车等多种车辆运输模式相结合的陆路运输，常规陆路干线运输线路 4300 余条③
百世	快递长途运输线路超 2800 条，快运长途运输线路 2400 条。通过实时竞价平台，选择整车运输服务，百世金融为百世超 4200 辆卡车提供融资租赁服务④
德邦	公司已开设 1794 条运输干线，公司拥有营运车辆共计 10875 辆⑤

表 3-2 2018 年主要快递企业航空运输情况

EMS	目前，以 B757、B737 机型为主的全货机机队规模达到 33 架，其中 B757 全货机 11 架，B737 全货机 22 架。在国内 300 余个城市间打造了 EMS 邮件“限时递”“次日递”“次晨达”等业务品牌，为中国邮政航空快速网提供着优质可靠的航空运力支撑，成为中国邮政 EMS 的核心资产、核心价值和核心竞争力⑥
顺丰	顺丰控股共在飞 50 架自有全货机（其中 B767 全货机 5 架、B757 全货机 27 架、B747 全货机 1 架、B737 全货机 17 架），租赁 16 架全货机，共执行航线 65 条，在国内首家拥有 B747、B767 全货机。顺丰航空共开通 43 个国内主要城市（含港澳台）及金奈、新加坡、纽约等 11 个国际站点。航空发货量总计 123.8 万吨，其中国内发货量占全国国内航线总货邮运输量约 23%

① 摘自圆通速递 2018 年上半年年度报告。

② 摘自申通快递 2018 年上半年年报。

③ 摘自韵达控股股份有限公司 2017 年年报。

④ 编译自 BEST Inc. Form 20-F Annual Report Fiscal Year Ended December 31, 2017（百世集团 2017 年年度报告）。

⑤ 摘自德邦物流股份有限公司 2018 年年报。

⑥ 摘自中国邮政航空公司官网简介。

续表

圆通	公司自有机队数量已达12架，其中B757－200共5架，B737－300共7架，已实际投入运营的飞机9架，并开拓了香港等地区的国际航线，海外服务网络及航空运能建设进一步完善 在全球17个国家和地区拥有公司实体，在全球拥有54个自建站点，业务范围覆盖超过150个国家，超过2000条国际航线
申通	重点航空运输线路实行包板、包仓，航空部46个。航空运输业务量12.5万吨，占总业务量的2.22%
韵达	与30余家航空货运代理公司开展合作，合作航线470余条。航空运输发货量平均12万票/天，发货重量平均约85/吨天

表3－3　2018年主要快递企业铁路运输情况

EMS	开通高铁邮路，衔接相关省份夜间集散频次，实现“当日达”和“次日达”
顺丰	开通高铁线路82条，普列线路127条。高铁极速达产品已覆盖48个城市，开通205个流向，高铁顺手寄产品覆盖34个城市，开通69个高铁车站
圆通	开展多式联运，利用部分线路的高铁、动车组列车进行快件运输，拓展干线运输能力
申通	与铁总合作，自9月启用铁路运输方式，业务量140.78吨

（2）分拣能力处理。分拣处理自动化、智能化，快递企业纷纷在全国各地新建、改扩建分拨中心，形成超过1000万平方米分拣处理面积[①]。企业新增全（半）自动分拣设备，购买托盘或地垫等配套设施，提高分拣效能。部分快递企业开始尝试自建仓储，推进仓配一体化（见表3－4）。

① 摘自2017年中国快递监测报告。

表 3－4　2018 年主要快递企业分拨中心建设及改扩建情况

顺丰	顺丰控股拥有 9 个枢纽级中转场，49 个航空、铁路站点，143 个片区中转场（含顺心快运），330 个集散点（含顺心快运），其中 44 个中转场已投入使用全自动分拣系统，最大中转场全自动分拣设备分拣能力峰值可达 15 万件/小时
中通	中通快递分布在全国的分拨中心共计 86 个，其中 78 个由中通自营，其余 8 个由中通的网络合作伙伴经营
圆通	公司在全国范围拥有自营枢纽转运中心 64 个，加盟商 3281 家，快递服务网络覆盖全国 31 个省、自治区和直辖市，地级以上城市已基本实现全覆盖，县级以上城市覆盖率达到 96.73%
申通	2018 年上半年，申通快递围绕“中转直营、网点加盟”的经营模式对网络内转运中心进行了系统梳理，通过对部分核心转运中心的收购及小集散模式的推广，进一步完善中转集散布局。报告期末，公司快递服务网络共有转运中心 68 个，其中自营转运中心 50 个，自营率约为 74%
韵达	新建新疆分拨中心。改扩建中山分拨中心。筹建皖南中心基地、粤东区域总部①
德邦	公司拥有 160 处分拨中心，其中枢纽中心 2 个，转运场 58 个，集配站 48 个，运作部 52 个，分拨中心总面积共 202 万平方米，能较好地满足货物的中转
百世	新建北京大兴区处理场地、粤东、滇西分拨中心，改扩建贵州、福建分拨中心，在建皖北分拨中心②

（3）末端配送能力。末端投递服务方式多元化，新增末端综合服务站 3000 个，共建成公共服务站 3.1 万个。投入运营智能快件箱 20.6 万余组，智能快件箱投递快递占比提升至 7%。③ 高校快递服务规范收投率 95.6%，2697 所高校享受快递入校服务。根据国家邮政局 2018 年的工作计划，智能快递柜（信报箱）箱递率将提高 2 个百分点。预计 2020 年快递入柜率有望达到 15%，按照 2017 年单柜的效力计算，77.2 万组智能快递柜才能满足配送需求。④ 住宅投递、智能快件箱投递和公共服务站投递等模式形成互为补充的末端投递服务新格局（见表 3－5）。

①②③　摘自 2017 中国快递监测报告。

④　摘自艾瑞咨询《2018 中国智能快递柜行业案例研究报告》。

表 3 – 5　2018 年主要快递企业末端配送创新形式

顺丰	顺丰控股通过与顺丰商业网点、合作代理点、物业管理公司网点及智能快递柜的合作实现"最后一公里"的覆盖。截至 2018 年末，顺丰控股与 3.2 万个合作代办点及约 600 个物业管理公司网点展开合作。此外，顺丰控股参股的丰巢科技在社区/写字楼安装运营的智能快递柜约 15 万个，覆盖国内深圳、广州、北京、上海、武汉等 100 个城市
中通	截至 2018 年 12 月 31 日，中通快递分布在全国的网点数量约为 30100 个，直接网络合作伙伴数量逾 4500 家
申通	2018 年上半年，公司现有独立网点 2012 家，服务站点及门店 24000 余家。公司新增偏远县级服务点 5 个，新增乡镇服务点 2300 余个，经过一段时期的推广，申通网络在全国四级行政单位（街道、乡镇、团场等）的覆盖率达 66%
韵达	公司探索构筑网点、智能柜、共同配送、合作便利店、物业等多元化末端服务网络。2018 年上半年公司持续推进网络建设和网点覆盖工作，在全国拥有约 3400 家加盟商及 20423 家配送网点（含加盟商），网点数量较年初增加 5.10%，可使用的智能快递柜 15 万个
德邦	2018 年公司拥有 6282 家直营网点和 2510 家合伙人网点
百世	开展"wowo 便利"和"百世邻里"便利店项目。快递和快运网点 3.3 万余个，百世店加（BEST STORE+）作为其零售终端服务平台在 51 个城市拥有加盟店 36.4 万余家①

（二）我国快递业存在的主要问题

上述已经从不同角度阐述了我国快递业发展过程中遇到的问题，并进行了相应的文献综述，这里将结合本专著的研究进行简要的概括。

一是快递价格形成与监管问题，国家政策要求加快推进电子商务平台定价与快递服务定价相分离，提供消费者自由选择快递服务的权限，支持快递物流企业开展面向电子商务消费者的增值服务，实现价格与服务相匹配。这个问题将在第四章、第五章中进行重点讨论。

二是快递末端配送。近年来快递业的发展已经极大地提升"最后一公

① 摘自 2017 中国快递监测报告。

里”的配送问题，发展了多种末端配送投递模式，这里不再进行冗述。但如何进行更加有效的管理，协调好市场主体间合作竞争关系是一个值得研究的问题。

三、主要快递企业核心能力分析

（一）顺丰

1. 顺丰简介

顺丰控股是国内领先的快递物流综合服务商，经过多年的发展，已初步建立为客户提供一体化综合物流解决方案的能力，不仅提供配送端的高质量物流服务，还延伸至价值链前端的产、供、销、配等环节，从消费者需求出发，以数据为牵引，利用大数据分析和云计算技术，为客户提供仓储管理、销售预测、大数据分析、金融管理等一揽子解决方案。公司的物流产品主要包含时效快递、经济快递、同城配送、仓储服务、国际快递等多种快递服务，以零担为核心的重货快运等快运服务，以及为生鲜、食品和医药领域的客户提供冷链运输服务。此外，顺丰控股还提供保价、代收货款等增值服务，以满足客户个性化需求。顺丰产品服务框架如图 3－5 所示。

基于不同行业、客群、场景的需求多样化，顺丰及时升级到“以用户为中心，以需求为导向，以体验为根本”的产品设计思维，聚焦行业特性，从客户应用场景出发，深挖不同场景下客户端到端全流程接触点需求及其他个性化需求，设计适合行业客户的产品服务及解决方案，形成有质量的差异化，再由产品设计牵引内部资源配置，优化产品体系。顺丰控股同时还是一家具有网络规模优势的智能物流运营商。顺丰控股拥有通达国内外的庞大物流网络，包括以全货机＋散航＋无人机组成的空运“天网”，

结合客户需求，顺丰控股可以提供多品类、全方位的物流服务

时效主要产品

顺丰即日
指定服务范围和寄递时间内收寄，当日20：00前送达

顺丰次晨
指定服务范围和寄递时间内收寄，次日12：00前送达

顺丰标快
指定服务范围和寄递时间内收寄，次日18：00前送达

冷运主要产品

冷运到家
易腐食品类等商品，全程温控运输门到门配送服务

冷运到店
冷藏车点到点、点到多点配送服务

冷运零担
货物不足整车运输的多批次、小批量零担物流服务

冷运专车
线路相对固定的跨区域冷藏车整车直达运输服务

生鲜速配
个人、企业寄递对时效要求高的生鲜类、肉制品、乳制品给个人

经济及仓储产品

顺丰特惠
指定服务范围和寄递时间内收寄，隔日23：59前送达

仓储服务
提供专业单仓、全国分仓、数字化云仓等专业仓储服务

医药主要产品

医药安心递
非温控药品、生物样本、医疗器械等门到门配送服务

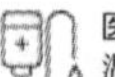
医药专递
温度敏感药品/试剂、低温运输生物样本等物品门到门配送服务

医药商配
GSP验证车点到多点的医药类货物专业配送服务

医药零担
医药类货物不足整车运输的多批次、小批量零担物流服务

医药专车
医药类货物、线路相对固定的冷藏车整车直达运输服务

快运主要产品

重货包裹
单票20~100Kg，2C电商大包裹和部分2B的仓店调拨

重货专运
根据客户发运整车货物需求定制的专运产品

小票零担
单票100~500Kg，省际零担运输，兼顾价格与时效

重货快运
依托于航空资源推出的非标类重货快递

同城主要产品

同城急送
同城范围内平均0.5~1小时送达的专人直送服务

国际主要产品

国际标快
门到门，各环节以最快速度处理，提供正式报关服务

国际特惠
经济型国际快递服务，针对时效要求不敏感客户需求

国际小包
为跨境电商客户提供国际航空运输、优质清关及派送的跨境小包服务

主要增值服务

保价服务

签单返还

代收货款

逆向物流

正式报关

委托收件

包装服务

等通知派送

注：上图的产品时效为参考时效。

图3－5　顺丰产品服务框架图

资料来源：2018顺丰年报。

以营业服务网点、中转分拨网点、陆路运输网络、客服呼叫网络、“最后一公里”网络为主组成的“地网”，以及以各种大数据、区块链、机器学习及运筹优化、语音/图像/计算机视觉/智慧安检AI识别、智慧物流地图等组成的“信息网”，“天网＋地网＋信息网”三网合一。直营网络覆盖国内外，是国内同行中网络控制力最强、稳定性最高也最独特稀缺的综合性物流网络体系。顺丰控股采用直营的经营模式，由总部对各分支机构实

施统一经营、统一管理，在开展业务的范围内统一组织揽收投递、集散处理和中转运输，并根据业务发展的实际需求自主调配网络资源。同时，顺丰控股大量运用信息技术保障全网执行统一规范，建立多个行业领先的业务信息系统，保障了网络整体运营质量。顺丰控股是A股目前首家采用直营模式的快递公司。

顺丰精准定位中高端，凭借直营模式、“天网+地网+信息网”三网合一网络资源，以及强大的科技实力，稳居国内快递行业龙头地位。截至报告期末，公司已建立起为客户提供一体化综合物流解决方案的能力，从配送延伸至价值链前端的产、供、销、配等环节，从客户需求出发，利用大数据分析，结合时效快递、经济快递、同城、重货、仓储等多元化服务，为客户提供干线运输、店配、销售预测、仓储管理等综合物流服务，领先的服务时效和质量，为公司赢得了品牌美誉度和市场号召力。

2. 顺丰核心竞争能力分析

顺丰科技实力雄厚，人力+能力+财力领先同行；截至2018年12月，申报和获得专利1645项，其中发明专利649项。顺丰控股一贯重视并积极投入公司的各项智慧物流建设，旨在以科技引领、创新驱动，深入业务，积极探索，打造成为科技驱动的行业解决方案服务公司。

在人才实力方面，截至报告期末，顺丰控股科技从业人数规模超过5754人（含外包），其中本科学历占比62%，研究生及博士占比19%，人才结构良好。在校企合作及企业联合方面，先后与美国佐治亚理工学院、慕尼黑工业大学、香港科技大学、哈尔滨工业大学等国内外10余所高校进行校企合作，并与近20家领域内领军科研企业密切交流与探索，搭建技术人才梯队，实现在数据科学、无人机、自动驾驶、机器人等领域技术能力的快速提升，全面提升企业组织能力，推动科研技术在实际业务场景中落地运用。此外，特别邀请斯坦福大学、纽约大学等国内外著名院校20余位顶级专家教授来企业交流讲学，共同探讨智慧物流技术创新与研究，推动智慧物流建设步伐。

在科技实力方面，2018年，顺丰控股继续加大在大数据、人工智能、精准地图服务平台、无人化及自动化操作、智能硬件等方面的研发投入。截至报告期末，顺丰控股已获得及申报中的专利共有1645项，软件著作权649个。在国内快递行业专利申请量排名第一，专利覆盖无人机、智能分拣、大数据运用、智慧物流网络建设、自动驾驶、包装保鲜技术等物流核心、突破性领域，技术的应用与突破力强推动了集团在对应物流环节中的运营优势。顺丰智慧物流项目分布框架如图3-6所示。

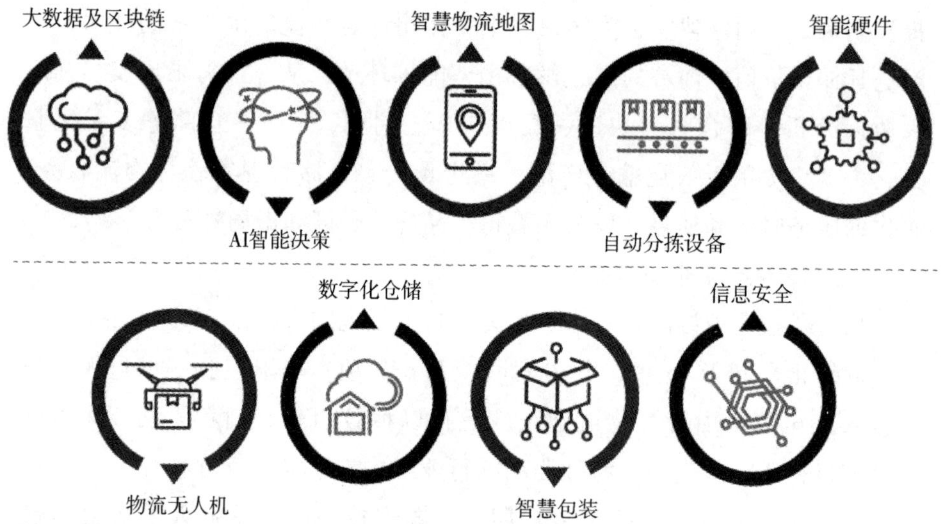

图3-6　顺丰智慧物流项目分布框架图

资料来源：2018顺丰年报。

（二）圆通

1. 业务情况简介

公司是国内领先的综合性快递物流运营商，以快递服务为核心，围绕客户需求提供代收货款、仓配一体等物流延伸服务。公司以自营的枢纽转运中心和扁平的终端加盟网络为基础，积极拓展终端网点、优化网络建设，不断提升网络覆盖广度和密度、提高时效水平、提升服务质量，为客户提供最具性价比的快递服务。

2. 经营及加盟模式

公司快递服务流程的主要环节包括快件揽收、快件中转、干线运输、快件派送。其中，快件中转环节主要由公司自营枢纽转运中心体系承担，快件揽收和派送环节主要由加盟商网络承担。公司通过自主研发的信息化平台进行路由管控、操作节点监控、转运中心及加盟商管理、资金结算等，基本实现快件生命周期的全程信息化控制与跟踪，以及全网络信息化管理，如图 3－7 所示。

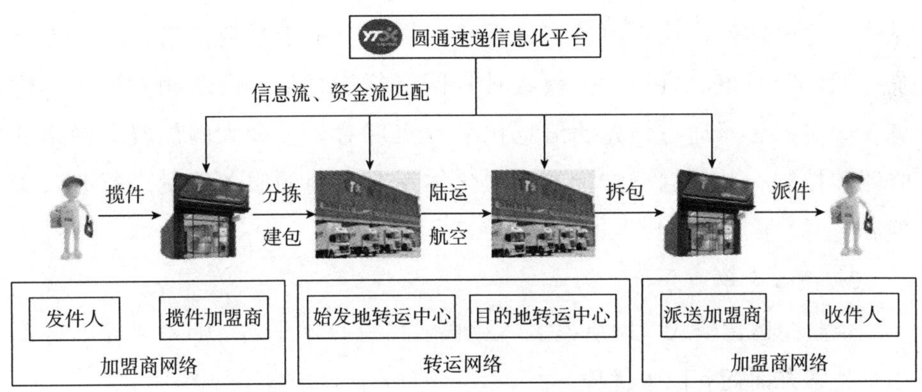

图 3－7　圆通速递业务服务流程

资料来源：2018 圆通上半年年报。

截至 2018 年 6 月 30 日，公司在全国范围拥有自营枢纽转运中心 64 个，加盟商 3281 家，快递服务网络覆盖全国 31 个省、自治区和直辖市，地级以上城市已基本实现全覆盖，县级以上城市覆盖率达到 96. 73%，自有航空机队 12 架；通过子公司圆通国际迅速拓展，现已基本形成覆盖欧洲、北美、东南亚等国家和地区的全球物流骨干网络。

公司致力于搭建与合作伙伴和谐共生的快递业务平台，采用枢纽转运中心自营化和末端加盟网络扁平化的运营模式，掌控枢纽转运中心等核心资源，并有效调动庞大加盟网络中的资金和人力资源，将快递服务网络末端延伸至全国各地。公司的揽收、派送环节工作主要由加盟商承担，各加盟商负责固定区域内快件的揽收、派送工作，其终端网点及快递服务员构成服务体系中最末端的网络体系，承担了快递服务“最后一公里”的工作，实现“门到门”的服务。公司为加盟商提供快件的运输中转、标准化管控、客户服务、安全管理、流程管理、信息技术、资金结算、员工培训、广告宣传及推广支持等综合服务，并授权其在日常运营中使用公司的商标和企业 VI（视觉设计）。公司采取扁平化的加盟模式，具体表现为加盟商数量多、单一加盟商的业务覆盖范围小。

在业务分工上，加盟商负责末端网络运营，公司则负责干线和转运操作，全网的操作流程由公司进行统一协调。由于掌握网络核心节点与统一调配网络核心资源，该模式具有网络掌控力强、网络相对稳定等优势。同时，公司通过领先的信息化平台实现对数量庞大的加盟商网络的监测和控制，并依据全方位的标准化体系对全网的服务质量进行有效管理和提升。

3. 核心竞争力分析

企业在运营模式、网络覆盖、互联网信息技术平台、自有航空、标准化及品牌方面拥有巨大优势。

公司搭建了完善的与合作伙伴和谐共生的快递业务平台，采用枢纽转运中心自营化和末端加盟网络扁平化的运营模式，有效保障了公司对整体快递服务网络的管控平衡能力，同时根据行业动态及企业现状，及时灵活地进行管理调整以协调平衡全网利益。上述运营优势是公司快递服务网络多年来保持较强稳定性和较高灵活度的重要基础。

枢纽转运中心自营模式下，公司可根据全网络的业务量情况、快件时效、运营成本等情况综合考量，并进行全网协调，持续优化转运中心规划布局、中转路由等。2018 年上半年，公司根据业务需要及行业发展动态，加大投入对部分枢纽转运中心进行自动化升级与改造，不断提升枢纽转运中心的快件处理能力，拓展枢纽转运中心的辐射范围，进一步增强了公司快递服务网络的稳定性。同时，公司通过现场、视频、电话会议等方式建立加盟商培训、服务机制，为加盟商提供业务、财务管理、人力资源等方面的培训与服务，并加大对加盟商信息系统的投入与支持。公司利用扁平化末端加盟网络，对加盟商进行直接管控，减少了管理层级，降低了管理成本，进一步增强和保证了公司对加盟商网络的控制力和对加盟商管理的有效性、灵活性。公司对快递服务网络的总体管控和协调能力显著提升。

（三）京东快递

1. 京东概述

京东是中国领先的技术驱动型电子商务公司和零售基础设施服务提供商。它分别于2016年、2017年及2018年产生净收入2583亿元、3623亿元及4620亿元（672亿美元）。京东的GMV（年成交总额）从2016年的9392亿元增加至2017年的1294.5亿元，并进一步增加至2018年的1676.9亿元。

京东为消费者提供愉快的在线零售体验，通过内容丰富且用户友好的网站www.jd.com和移动应用程序，以有竞争力的价格及快速和可靠的方式提供各种正宗产品。它还提供便捷的在线和面对面支付选项以及全面的客户服务。为了更好地履约并确保客户满意，京东建立了自己的全国履约基础设施和“最后一公里”交付网络，由自己的员工组成，支持在线直销和在线市场业务。随着京东开发在线直销业务，其与供应商建立了牢固的关系。凭借巨大的优势，京东于2010年推出了在线市场业务，这大幅扩展了京东的产品和服务选择范围。

同时，它也建立了一个交互式用户社区，用于讨论和评估京东的产品和服务。它拥有中国在线直销公司最大的在线产品评论数据库，截至2018年12月31日，其客户产生了44.85亿条产品评论。由于卓越的客户体验，京东的业务发展迅速。2016年、2017年和2018年，京东分别拥有2.266亿、2.925亿和3.05亿个年度活跃客户账户。及时可靠的履约对于在线零售业务的成功至关重要。鉴于中国在仓储和物流设施以及“最后一公里”

交付服务方面的第三方履约服务不发达，京东在2007年做出一项战略决策，建立和运营京东自己的全国履约基础设施。它拥有中国所有电子商务公司最大的履约基础设施。截至2018年12月31日，京东在81个城市经营了550多个仓库，总建筑面积约为1200万平方米，截至同日，拥有95138名派送人员、29139名仓库员工和16676名客户服务人员。利用这个全国性的履约基础设施，京东直接向客户提供大部分订单。

京东是一家技术驱动型公司，投入巨资开发可扩展的专有技术平台，支持其快速增长，并使自身能够提供增值技术服务。此外，它先进的商业智能系统使其能够改进自身的商品采购策略，以管理京东的库存周转和控制成本，并利用京东的大客户数据库来创建定制的产品推荐和具有成本效益的目标广告。

它引入了一个在线市场，以利用京东的品牌认知度、庞大且不断增长的客户群、广泛的交易数据，履约基础设施和专有技术平台。其在线市场能够为客户提供更多的产品选择。通过在线市场吸引并选择第三方卖家，客户能够享受正宗的产品。作为平台，其密切关注第三方卖家在京东在线市场的表现和活动，以确保他们符合京东对正宗产品和高质量客户服务的要求。除基本的交易处理和计费服务外，京东还为第三方卖家提供一套增值履约和其他服务。此外，京东于2015年4月在京东推出了跨境电子商务平台JD Worldwide。JD Worldwide致力于为中国消费者提供来自全球的高品质、真实的进口产品，并作为领先的国际品牌进入中国市场。自2015年推出以来，JD Worldwide提供的产品种类繁多，包括孕产妇和儿童保健、营养保健、个人护理和化妆品、电子产品、家用和厨具、食品和汽车配件等。JD Worldwide从70多个国家和地区采购产品，包括美国、加拿大、韩国、日本、澳大利亚、新西兰、法国和德国等。①

2. 京东快递

京东快递于2018年10月正式推出个人快递服务，面向个人用户进行

① 编译自JD. com, Inc. Form 20 - F Annual Report Fiscal Year Ended December 31, 2018（京东集团2018年年度报告）。

揽件，并逐步扩大城市范围。该服务推出后便保持高速增长，月环比平均增速超过 100%。2019 年 3 月，京东快递新增一批寄件城市，在原有北京、上海、广州、深圳、成都等 17 个城市的基础上，又开通青岛、长沙、重庆、泉州等 14 个寄件城市，把个人快递服务拓展至 31 个城市。根据相关法律，在多个省份经营快递服务的实体必须获得跨省快递服务经营许可证，并在许可证所示的许可范围内进行快递服务。此外，在我国从事公路货运服务的任何实体都必须获得相关道路运输管理部门的道路运输许可证。京东经营全国范围的公路货运和配送网络。截至 2018 年 12 月 31 日，京东已经拥有一份跨省快递服务经营许可证，允许京东商城（一家提供物流服务的综合可变利益实体）的子公司京邦达经营快递业务。截至 2018 年 12 月 31 日，京邦达及其 37 家子公司获得了快递服务运营许可证。截至同日，西安京东商城及其 11 家分公司和京邦达及其 33 家子公司获得了道路运输许可证，允许这些实体提供公路货运服务。

（1）构建一体化平台，解决“配送空返”。据京东物流方面介绍，在正式独立运营后，京东物流集团结合多项技术已经搭建起“物流 + 互联网 + 大数据”相融合一体化产业生态平台。京东物流 CEO 王振辉表示：“个人快递业务是在现有基础设施及网络基础上进行的，个人快递业务的加入会让京东物流业务场景更加丰富多元，京东物流将在现有能力基础上不断提升。”

更重要的是，伴随着京东物流运算能力和配送能力的提升，曾经被认为是京东物流最重要的短板“配送空返”，或许将通过个人快递方式得到有效解决。

“京东快递”小程序在 2018 年 9 月就已经上线，承接个人寄件快递业务。进入小程序后，填写寄件、收件人的信息，可以选择上门取件，也可以选择自己送到临近的服务点。更早的消息来自 2018 年初，当时即有接近京东物流人士对《深网》表示，京东物流正在北京地区小范围试点个人快递业务。当时京东物流方面曾表示该试点主要针对商务件，未来目标是全面开放。

和其他电商平台相比，京东旗下拥有非常强悍的物流体系。2007 年刚刚拿到融资的京东就已经开始自建物流体系，有数据显示，2013 年京东仅在购车上就花费了 1 亿元，到 2014 年第一季度，京东已拥有 1500 辆 7.6 米长和 9.6 米长的斯卡尼亚及奔驰全封闭厢式货车。京东集团创始人刘强东在多个场合公开表示，“融资 70% 将用于物流体系建设”“物流和研发占总费用的 70%”。

这让物流成为京东旗下诸多业务体系中最重要的王牌，在刘强东宣布京东全面开放后，京东物流也是首先响应。2016 年 11 月 23 日，京东集团推出“京东物流”全新品牌标识，并正式宣布京东物流将以品牌化运营方式全面开放。此时，京东物流已经形成中小件物流网、大件物流网和冷链物流网的三张网布局，拥有 7 个智能物流中心、254 个大型仓库、550 万平方米的仓储设施、6780 个配送站和自提点，完成对全国 2646 个区县的覆盖。

在京东物流全面开放后，国内有 42 个城市可在全年 365 天任意时间叫京东快递上门取货。所有的商家只要有快递物流需求，都可以直接交给京东物流，同时提供代收货款、保价、自提等增值服务。据王振辉介绍，在 2017 年京东物流正式独立运营后，就希望京东物流能够提供所有跟物流服务相关的高品质服务，“无论是商家还是消费者”。

在 2018 年 9 月开始的试点过程中，京东物流表示消费者与企业用户相比他们更重视包裹和信息安全：“为了让消费者能够更加放心，京东物流对系统及用户界面进行了优化升级，比如在快递面单上隐藏收寄双方的手机号码和地址中的部分信息，以笑脸（^_ ^）代替，以一种更温情化的方式有效保护用户的隐私。因此京东物流的个人业务从一推出，就采用这种技术，以保护消费者数据信息安全。”

（2）京东快递转型难点。目前京东物流是一种高度适应电商业务场景的仓配体系，与快递企业的网络型配送模式迥然不同。一旦京东快递个人寄递业务量迅速增加，就成为京东物流的一大业务流，京东的电商物流仓配体系要适应点到点的快递服务，则需要进一步调整与打磨物流体系。

以京东直接对标的顺丰为例，王卫旗下的“快递帝国”经过多年发展，已经拥有快递、冷链、重货等围绕个人快递的多重业务体系。京东快递短时间内还无法在规模上对顺丰和“三通一达”形成挑战，但这种尝试或许会在将来彻底改变快递行业，京东物流的优势在于从仓库到用户端，一点到多点的管理。多年来，京东也一直在加强对仓储方面的投资，而个人快递这种多点到多点的业务，还需要京东在仓配体系之外完善自身的散件运输网络，并找到稳定的流量入口。

京东物流的优势是从仓库到终端的管理，尤其是局部区域的订单处理效率。如果将物流简单地分为“仓、运、配”，京东在“仓”这一项的投入是最大的，且京东非常乐意向外界谈及自己在仓储方面的优势。近两年的“6·18”、“双十一”的销售战报中，亚洲一号、无人仓等表现突出。对于快递公司来说，需要考虑的是怎么尽快把货物从A点送到B点，但京东不一样，追求的是怎么尽快把货物从自己的仓库送到用户的收货地址。京东物流CEO王振辉曾表示，京东的物流网络是按照由仓到配的逻辑进行布局的。

A点和B点在物理上的空间不能改变，那顺丰这样的公司就把飞机、高铁都用上，争取把多点到多点的货物运输做到尽可能快。但仓库的分拣效率、仓库离用户的距离是可以变的，所以京东做了无人仓、前置仓，使一点到多点的配送更快。

截至2018年12月31日，京东在全国运营超过550个大型仓库，总面积约为1200万平方米。同一截止时间，顺丰在全国拥有170个不同类型的仓库，面积近177万平方米。粗略从面积来看，京东的仓储规模是顺丰的6.8倍。

在“运”这一项上，顺丰在运输车队方面的资产则高于京东。2017年，京东的运输工具账面净值为8亿元，顺丰则为14.49亿元，这其中还不包括顺丰自有的50架飞机。

京东大力投入的仓储在个人快递业务上的作用并不明显，而运输工具的资产规模却逊于同为自营的顺丰。按照由仓到配的逻辑进行布局的京东物流，在个人快递业务上相比于顺丰没有优势，还需要面对奋起追赶的“通达系”。

“个人快递肯定是京东要做的，但是路径选择上，京东选择了成本最高、效率最低的方式”，快递物流专家、贯铄资本 CEO 赵小敏认为，“仓是京东长期以来的优势，但是现在京东的模式有点走弯路的感觉，从网点的布局到推出的产品，完全在效仿其他几家上市的快递企业，相当于拿自己的短板去跟竞争对手的优势比”。

中国物流学会特约研究员杨达卿则认为，京东强在仓配体系，即仓和落地配，从分拨中心到区域配送中心再到收货点，这样一套仓运配标准化的流程，在返程途中可能出现满载率不高的情况，上线 C 端业务对满载率是一个利好，但同城配送这种非标的业务可能会对既有的配送业务产生影响。

快递专家杨达卿指出：“同城配送这种个性化的物流是非标的，从 A 点到 B 点，不需要中转也不需要仓储，如果不能将同城与仓配做成两个体系进行区隔，让配送员既做标准又做非标很容易打乱节奏影响整体的效率。”①

3. 京东快递与顺丰展开全方位竞争

（1）价格竞争。自营、定位中高端是顺丰与京东的相似之处。“2018 年，顺丰的票均收入在 23 元左右，这远高于行业 12 ~ 14 元的平均水平，而京东的定价在两者之间，有优惠时价格甚至比“通达系”便宜。当京东进入顺丰领地，顺丰如何继续挖掘个人市场，对于顺丰而言有压力。”物流专家丁威告诉记者，顺丰 2018 年的散单收入达 425. 94 亿元，月活跃用户超过 2300 万，这些都是京东看好的目标市场。

（2）同城、冷链全方位竞争。京东物流在向外界传递开放的信号，2018 年 4 月中旬，京东物流连发三大新业务，同城服务、京东冷链的整车

① 艾瑞咨询．京东快递增量难寻．［EB/OL］．http：//news. iresearch. cn/content/201904/288863. shtml.

零散运力和云冷链计划。这同样是顺丰的市场。

2018 年财报中，顺丰提出，快运、冷运及同城是大力发展的方向，其中，同城即时物流市场潜力巨大，预计 2019 年日均达 4000 万单以上，整体市场规模会超过 1200 亿元。麦当劳、肯德基、必胜客、永辉、瑞幸咖啡等都是顺丰同城即时的大客户，个人寄件也面向中高端市场，提供同城最快 30 分钟的服务。京东同城服务同样对标顺丰，用京东自营和达达两种运力开展同城业务，3 公里内最快实现 30 分钟送达。在京东尚未公布的与第三方商家的合作中，便有顺丰曾经大客户的身影。值得关注的是，2017 年 12 月，独立后的京东物流从顺丰手里抢了网易严选的订单。

门槛较高的冷链物流也是京东物流和顺丰发力的地方，这从每年秋季运输大闸蟹的物流不是顺丰就是京东即可看出端倪。

为了发展冷链，顺丰与夏晖在 2018 年推出合资公司新夏晖，京东物流则在 2018 年 5 月前，在北上广深等 10 个城市建了 13 个冷链仓。

（3）顺丰买飞机，京东建仓。罗戈研究院院长潘永刚指出，“顺丰和京东物流都是自营，背后的逻辑却不同，物流网络也不一样。比如，顺丰的个人寄件可以一点发全国，而京东要保证时效和运力，只能在试点城市相互寄送件”。

如果顺丰是张“网”，京东物流便是“线”。对于仓配模式的京东而言，寄件业务相当于逆向线路。也就是说，以往京东配送是从存储商品的仓库直接送到用户手中，只要仓库离用户足够近，便能保证时效，但快递业讲究的是端到端的速度，寄送双方的距离很可能有数千公里，而这考验的是快递企业的运力和仓储中转能力。

根据财报数据统计，目前京东有 30 个普货转运中心、7 大生鲜冷链转运中心、7 个大件转运中心，但并未说明其中有多少是为寄件中转服务。顺丰的数据则更加具象，9 个枢纽级中转场、49 个航空铁路站点、143 个片区中转场、330 个集散点，36 小时通达全国。

不过，2018 年财报披露的数据显示，京东仍在投巨资建仓。截至 2018 年 12 月 31 日，京东合计支付了约 142 亿元用于获得土地使用权、建造仓库和购买仓库设备。除了在11个城市建立仓储外，京东还在16个其他城市建设仓储工厂。未来几年，京东计划通过租用、建造、购买工厂来满足全国的运营网络。

运力方面，顺丰建成了一张“天网+地网+信息网”的大网，拥有全货机共有66架，其中50架是自有飞机。顺丰董事长秘书甘玲表示，顺丰2018年航空货运量占中国航空货运量的1/4。反观京东物流，则是靠与航空公司合作，2018年11月才完成第一架全货机首航。

丁威分析“京东物流还在开放的磨合阶段，在单量没有达到一定规模之前，是否为寄件业务单独建仓和转运中心是京东要考虑清楚的问题”。京东方面则回应称，相关能力的建设会根据业务情况进行规划和落地。姚建芳则告诉记者，目前，京东物流有富余运力发展个人件市场，但这并不是京东物流的主营业务，没有必要加大投资，增加成本投入。①

四、快递服务顾客感知价值统计性分析
——以EMS企业为例

为了对现有主要快递企业的服务做较准确的描述，2015年基于客户感知价值模型做了问卷调查，试图以EMS企业为例从消费者的角度来评价快递企业的服务。

（一）快递客户感知价值影响因素分析及维度假设

客户感知价值是客户所能感知到的利益与其在获取产品或服务时所付

① IT时报．京东物流与顺丰的正面对抗．[EB/OL]．http：//news. iresearch. cn/content/201904/288518. shtml.

出的成本进行权衡之后对产品或服务效用的总体评价，体现的是客户对企业产品或服务价值的主观认知。客户感知价值因人而异，客户会依据自己的主观感受来做出购买决定，而绝不仅仅是取决于客观因素。

对于快递服务来说，客户感知价值同样具有主观性、动态性等特征；快递服务的核心在于满足客户需求，如安全、快速、准确、便捷与经济等。分析某一快递企业的客户感知价值通常要在理论基础上进行市场调研与分析，本书在结合现有客户感知价值理论以及快递行业现有特点的基础上，对于能够反映客户感知价值的相关因素进行总结与归纳，主要分为以下 6 个方面。

1. 经济性

经济性是指产品或服务给客户带来的经济上的感知，客户对于快递企业的经济感知价值是指客户对快递物流服务给其带来经济利益方面的感知，如该服务是否值得，是否节约成本等。经济性是客户在选择快递服务时影响客户选择最直接也是最重要的因素。

2. 有形性

有形性指企业提供的服务在外部客户心目中感受到和留下的“有形部分”。对于快递企业来说，有形性具体指设施、设备、服务人员仪表等方面，是客户最直观的感受。

3. 便捷性

便捷性是指在快递服务的过程当中，对客户能否方便快速地获取所需服务的衡量，如快递公司的寄件地域广泛程度、信息查询的便利程度等。

4. 时效性

时效性是指准确高效地履行递送服务的能力，快件能否准时准点地送达指定地点是客户评判一个快递公司的关键依据。响应速度和全程时限是快递公司提高服务水平应关注的重点，也是快递企业能否持久生存的关键所在。

5. 安全性

快递服务的安全性是指企业能够保证客户快件安全不受损坏，并且能够保证客户信息不被泄露，不危害客户人身安全。

6. 情感性

快递服务的情感性是客户对服务人员工作态度的评价，服务人员能否以耐心的服务，和善的态度为消费者提供服务，能否有效解决客户所面临的问题等是体现情感性的重要方面。

以上6个方面从不同角度阐释了客户感知价值，具有一定的代表性，通过对这6个维度进行分析能够在很大程度上反映一个快递企业的客户感知价值。

（二）问卷的设计与发放

1. 问卷设计

基于以上对快递行业客户感知价值的分析，我们将问卷设计为三个部分：第一部分是被调研者的基本信息，如性别、年龄、工作、使用快递情况等；第二部分是客户感知价值量表，共分为6个维度（经济性、有形性、便捷性、时效性、安全性、情感性），每个维度下面最初设置有7～9个问题；第三部分为对客户总体满意度的调查，包含总体满意度、品牌形象和客户忠诚度三个方面。其中第二部分是问卷数据的根本，为下一步的检验分析提供数据支持。问卷中所涉及的定性与定量的问题，均采用美国心理学家Likert提出的5点跨度的李克特量表来度量，保证问卷的统一性和一致性。

在初步问卷拟定之后，项目组将问卷初稿送交学校的相关专家进行审阅，调整了某些措辞和定义上的模糊与不准确，对某些问题的编排做出了适当修改，使问卷整体上更加清晰明了，大大降低了歧义的可能性（具体问卷见附录1）。

2. 测试问卷发放

为了使问卷结果更加合理可信，项目组首先进行了一次测试问卷的发放。测试版问卷在量表的部分共设置了45个问题，保证每个维度解释的充分性。基本信息部分有11个问题，总体满意度考察有3个问题。在发放方式上，采用纸质问卷与电子问卷相结合的形式，这样可以避免电子问卷的不确定性和重复填写，能够有效地保证问卷的质量。

电子版的问卷主要由项目组通过社交网络向周围同学、朋友等散发，能够有效保证问卷来源的时效性；纸质版问卷主要在大学校园内进行散发，由项目组同学在校园内进行一对一的问卷填写。最终实验问卷共发放 260 份，回收 249 份。其中，电子版问卷 110 份，纸质版问卷 139 份。

3. 测试问卷数据

（1）可靠性检验。发放测试问卷的目的就是为了更好地检验问卷的有效性，进而通过因子分析来剔除不必要的问题，使问卷量表的维度更清晰，问题设置更合理。首先，将收集到的数据通过统计学工具 SPSS20.0 进行可靠性检验，结果如表 3－6 所示。其中，Alpha 系数达到 0.953，说明问卷的数据时效性很好，可以进行进一步的分析。

表 3－6　可靠性检验

Cronbach's Alpha	基于标准化项的 Cronbach's Alpha	项数
0.953	0.955	46

（2）因子分析。使用 SPSS 中的因子分析方法来进行问卷问题的筛选，利用主成分分析法进行量表部分的正交旋转，将不合适的问题剔除，使量表维度清晰。经过 22 次正交旋转，删除了 20 个测验问卷中的问题，形成了 6 个维度，也就是第一部分所阐述的经济性、有形性、安全性、便捷性、时效性和情感性。最终形成的量表的 Kaiser－Meyer－Olkin（KMO）度量和 Bartlett 球形度检验的结果如表 3－7 所示，KMO 值为 0.867，表明问卷的效度很好；正交旋转的成本矩阵如表 3－8 所示，可以看出 6 个维度划分非常清晰。

表 3-7 效度检验

取样足够度的 KMO 度量		0.867
Bartlett 的球形度检验	近似卡方	2349.756
	df	231
	Sig.	0.000

表 3-8 旋转成分矩阵

	成分					
	1	2	3	4	5	6
该快递公司设备和用品上具有明显的企业标识	0.793					
该快递公司工作人员着装统一、形象整洁	0.782					
该快递公司的品牌标志给您印象深刻，具有很高的辨识度	0.776					
营业场所环境干净适宜	0.718					
该快递公司具有先进的配送设施	0.624					
该快递公司超出首重的追加费用合理		0.784				
与同等水平的5家快递公司相比，该快递公司价格相对优惠		0.781				
该快递公司对于物品包装等附加费用设置合理		0.741			0.332	
该快递公司的价格与发送距离相比价格合理		0.720		0.359		
该快递公司对贵重物品收取的保价费用合理		0.633				
该快递公司的工作人员与您能够很好地沟通			0.821			
该快递公司的工作人员服务态度亲切热情			0.806			
您会向家人和朋友推荐该快递公司			0.645	0.320		

续表

	成分					
	1	2	3	4	5	6
该快递公司能够正确处理客户投诉，并给以客户满意答复		0.304	0.619			
该快递公司能够将您的物品准确送达指定地址				0.797		
该快递公司能将您的邮寄物品在指定时间内送达				0.791		
使用该快递公司来配送贵重物品，您会比较放心					0.762	
该快递公司能很好地保障您的个人信息安全					0.733	
该快递公司能妥善配送特殊物品（如酒类、化学品、大件物品等）				0.390	0.678	
该公司配送范围很广，能满足您对不同地域的邮寄需求						0.849
该快递公司可以上门取件，服务到位						0.761
该快递公司的营业网点分布广泛，能够很便利地邮寄物品						0.811

4. 正式问卷发放

在之前统计分析的基础上，将测试问卷量表部分的45个问题删减为22个问题，平均每一个维度由3～5个问题来体现，第一部分基本信息与第三部分总体满意度的问题不变（具体问卷见附录1），量表部分的具体问题如表3－9所示。

表 3-9 量表具体维度问题呈现

一级维度	二级指标
有形性	该快递公司营业场所环境干净适宜
	该快递公司工作人员着装统一、形象整洁
	该快递公司具有先进的配送设施
	该快递公司设备和用品上具有明显的企业标识
	该快递公司的品牌标志给您印象深刻，具有很高的辨识度
经济性	该快递公司的价格与发送距离相比价格合理
	与同等水平的其他快递公司相比，该快递公司价格相对优惠
	该快递公司超出首重的追加费用合理
	该快递公司对于物品包装等附加费用设置合理
	该快递公司对贵重物品收取的保价费用合理
便捷性	该快递公司配送范围很广，能满足您对不同地域的邮寄需求
	该快递公司的营业网点分布广泛，能够很便利地邮寄物品
	该快递公司可以上门取件，服务到位
时效性	该快递公司能将您的邮寄物品在指定时间内送达
	该快递公司能够将您的物品准确送达指定地址
安全性	该快递公司能妥善配送特殊物品（如酒类、化学品、大件物品等）
	该快递公司能够妥善配送贵重物品
	该快递公司能很好地保障您的个人信息安全
情感性	该快递公司的工作人员服务态度亲切热情
	该快递公司的工作人员能够与客户进行良好的业务沟通
	该快递公司能够正确处理客户投诉，并给以客户满意答复
	该快递公司的品牌宣传很到位，树立了良好的品牌形象

正式问卷的发放需要更大的样本量，为此项目组决定仍采用网络版和纸质版问卷相结合的方式，同时加大纸质版问卷的数量和扩散范围。最终正式版问卷共发放 537 份，其中电子版问卷 264 份，纸质版问卷 273 份。为保证抽样的普遍性，项目组在近一周的时间内，对北京、焦作、郑州、

天津、沈阳等23个城市的快递使用者进行问卷调查。在发放的537份问卷中，在删除不完全和真实性较低的问卷之后，共回收有效问卷502份，对于有6个维度的量表来说，问卷数量是非常可观的。

（三）问卷分析

1. 被访者基本信息统计分析

被访者的基本信息统计如表3－10所示。由表3－10的数据可以看出，问卷的性别分布比较平均，受访者的年龄集中在18～40岁，占总体样本的近85%，这也说明该年龄段的客户是使用快递服务的主力军；受访者的学历基本在高中以上，其中本科学历占据大多数，月均消费水平以1000～4000元居多。在行业分布上，有近一半的样本是学生，一方面，由于本项目组成员身处在校园中，社交圈内学生居多；另一方面，由于现如今在校大学生已经成为快递服务消费的中坚力量。

表3－10　被访者基本信息统计汇总

<table>
<tr><th colspan="2">项目</th><th>数量（份）</th><th>比率（%）</th><th colspan="2">项目</th><th>数量（份）</th><th>比率（%）</th></tr>
<tr><td rowspan="4">性别</td><td>男</td><td>252</td><td>50.2</td><td rowspan="3">月均消费水平</td><td>1000元以下</td><td>125</td><td>24.59</td></tr>
<tr><td>女</td><td>250</td><td>49.8</td><td>1000～4000元</td><td>338</td><td>67.33</td></tr>
<tr><td>18～40岁</td><td>425</td><td>84.66</td><td>4000元以上</td><td>39</td><td>7.77</td></tr>
<tr><td>40岁以上</td><td>77</td><td>15.34</td><td rowspan="4">工作所在行业</td><td>学生</td><td>212</td><td>42.23</td></tr>
<tr><td rowspan="3">学历</td><td>初高中</td><td>97</td><td>19.33</td><td>零售业</td><td>62</td><td>12.35</td></tr>
<tr><td>专科</td><td>74</td><td>14.74</td><td rowspan="2">其他（制造业、信息产业、金融业……）</td><td rowspan="2">228</td><td rowspan="2">45.42</td></tr>
<tr><td>本科及以上</td><td>331</td><td>65.93</td></tr>
</table>

2. 用户使用特征统计分析

以EMS为例，将EMS用户的使用特征做了以下几方面的统计分析。一方面，了解EMS用户使用快递的基本情况；另一方面，为之后分析EMS客户感知价值做准备。

（1）使用场景分布。问卷中使用 EMS 快递的用户使用场景的统计如图 3－8 所示，有 61.81% 的受访者主要通过快递来收件，这很容易让人联想到快递与电商的紧密联系，网购的爆发式增长带动了快递的发展，个人收件的增多也在一定程度上反映出网购的带动作用。

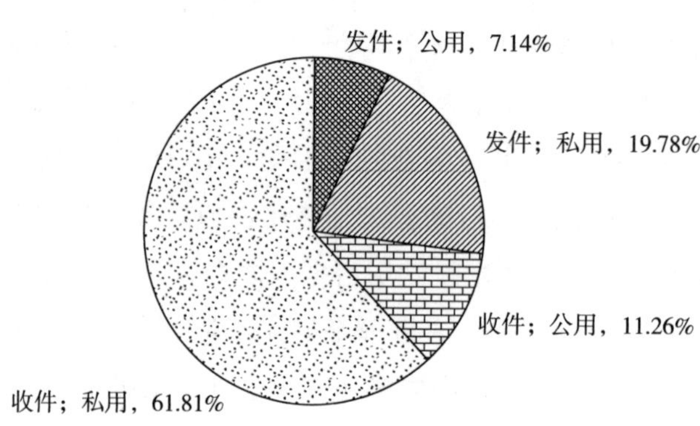

图 3－8　EMS 快递使用场景分布

（2）快递业务类型分布。快递业务类型的分布如图 3－9 所示，异地快递占绝大部分，国际快递占比最小，只有 3.86%。可见，异地快递仍是最常见的快递类型。

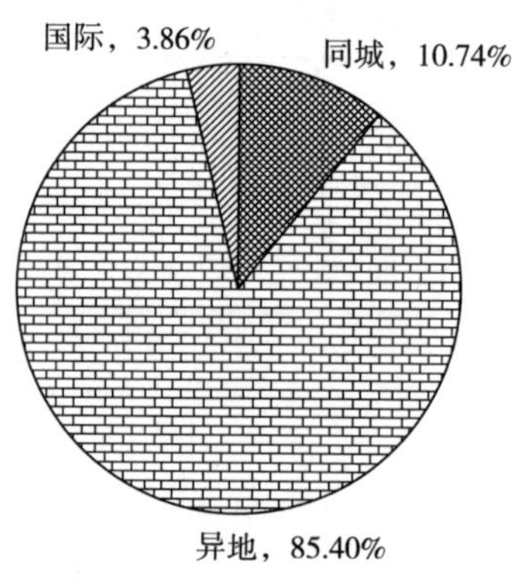

图 3－9　EMS 快递业务类型

（3）邮寄物品性质分布。在使用 EMS 的问卷样本中，邮寄物品的性质主要分为文件资料类、信函类、大件行李、小件包裹和其他，总体的样本分布如图 3－10 所示。其中，小件包裹占绝大多数，有 72.25% 的比例。

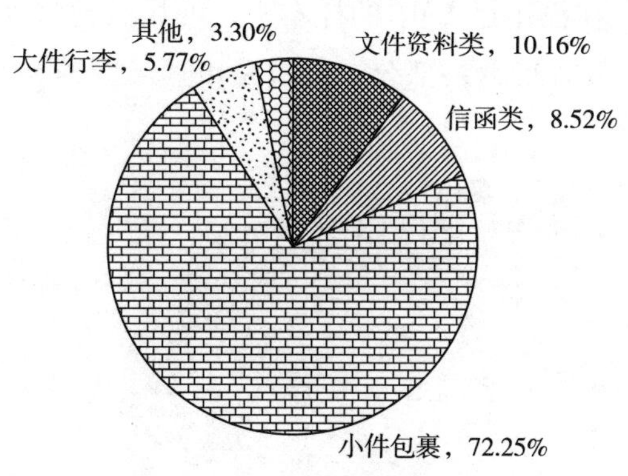

图 3－10　EMS 邮寄物品性质

（4）快递使用频率分布。我们还对 EMS 用户每月使用快递次数进行了调研，具体的分布如图3－11 所示。可以很明显地看出选择“不使用”和“10 次以上”的人非常少，占比不到 10%，而每月使用快递 1～2 次和 3～5 次的则占整体样本的近 90%。这说明快递服务的普及率还是很高的，同时也要关注潜在用户和大客户的培养。

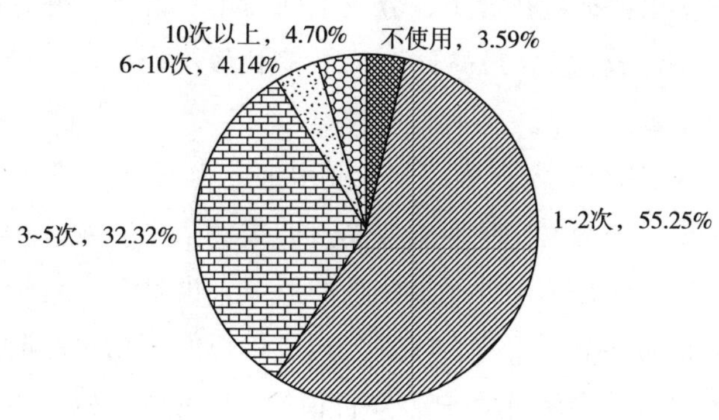

图 3－11　EMS 快递使用频率

需要强调的一点是，问卷中，在被问及“是否使用过EMS寄件”这一问题时，有363人选择了“是”，说明EMS的普及率还是非常高的，有一大部分受访者曾经体验过EMS的服务，这也为下一步的量表分析提供了很好的数据支撑。在没用过EMS的样本中，使用其他快递公司的情况如图3-12所示，顺丰占有很大一部分，其次是申通、圆通和韵达。

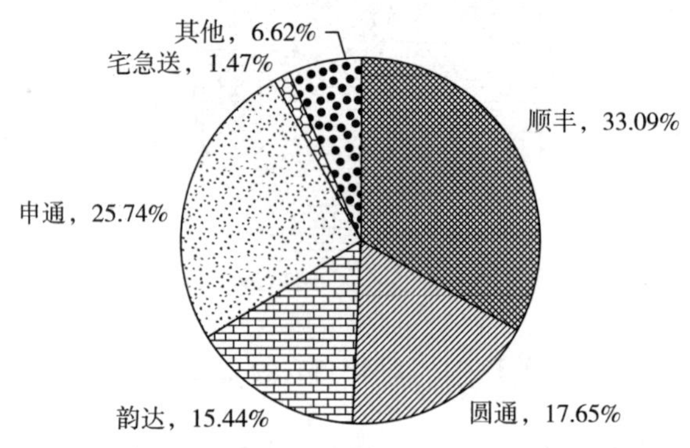

图3-12 使用其他快递公司的情况

3. EMS不同使用特征用户的客户感知价值分析

项目组为了更深入地分析快递企业的客户感知价值，将EMS的用户按照不同的快递使用特征进行分类，分成不同的用户群体，并计算客户感知价值的均值（最低分为1，最高分为5），来比较不同使用特征的用户群之间的感知价值差异。

（1）不同使用场景客户群感知价值特征。如图3-13所示，总体来说，私用的客户感知价值比公用的要高，四类场景中，发件；私用的场景感知价值最高。发件是快递公司最注重的业务，也是客户对于快递服务质量的感知最敏感的环节。用户在收寄公司或单位的公用物品时，对服务质量不会太敏感（可能会降低客户感知价值），但在收寄私人物品时更加在意服务质量，对物品送达时限、安全等更为关心。从数据分析结果来看，EMS在满足个人用户快递需求的表现优于对公业务。

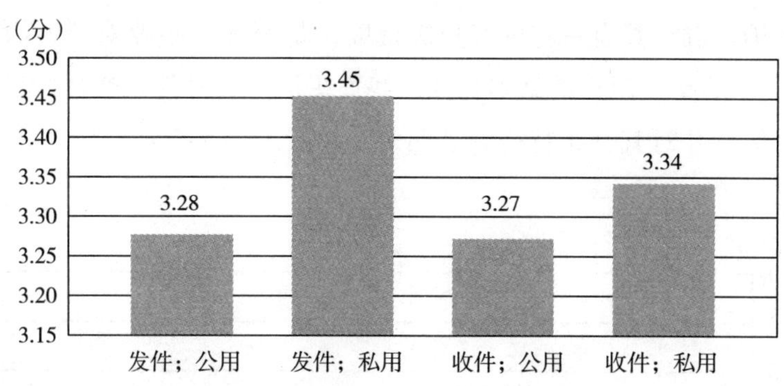

图 3－13　不同使用场景的用户感知价值

（2）不同使用频率客户群感知价值特征。按照每月使用快递的频率来分别计算不同客户群的感知价值，具体如图 3－14 所示。随着每月使用频率的提升，客户感知价值也在呈阶梯状上升，即使用次数越多的客户，感知价值越高，对 EMS 的总体评价越好。那么 EMS 应该着重提高那些低频使用对象的客户感知价值，使得即使每月只使用一次 EMS 快递的客户也能够体验到高质量的服务。

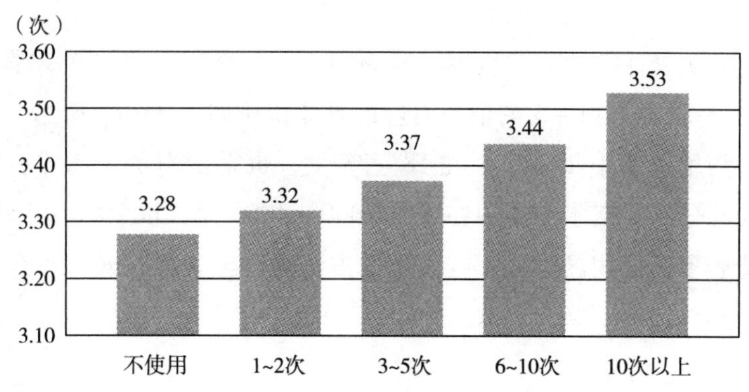

图 3－14　每月不同使用频率的客户感知价值

（3）高频用户群基本客户特征分布。对于快递企业来说，高频用户是其主要的用户群，具有一定的客户忠诚度，是服务的主要对象，为了更好地了解 EMS 的高频用户的基本特征，我们提取了每月使用快递次数 6 次以上的用户信息并对其分布特征做了探索，如图 3 – 15 所示。

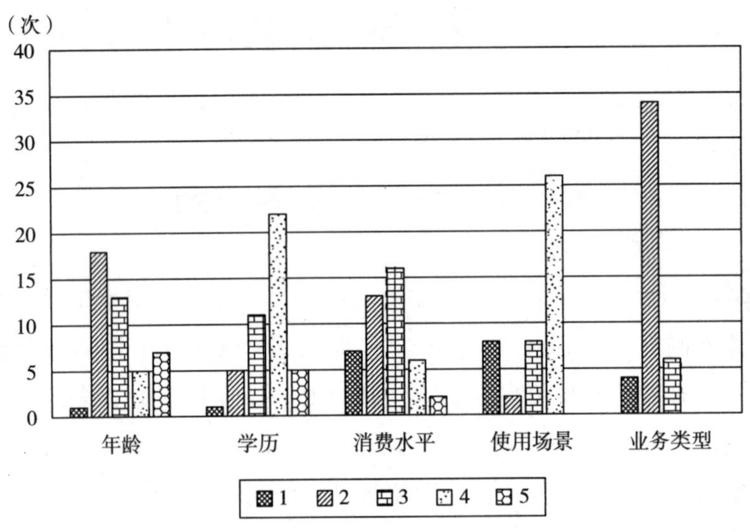

图 3 – 15　高频用户的分布特征

图 3 – 15 以计数的方式呈现了高频用户的年龄、消费水平、学历与快递类型的分布情况，1 ~ 5 的值所对应的具体特质如表 3 – 11 所示。可以看出，在高频用户当中年龄集中在 18 ~ 35 岁，也是消费的主力军；本科学历占绝大部分，消费水平集中在每月 1000 ~ 4000 元，以 2000 ~ 4000 元的月均消费居多；使用场景上，收件私用占绝大部分，其次是发件公用；业务类型上异地快递占绝大多数。

表 3 – 11　用户特征代表值一览

	1	2	3	4	5
年龄	18 岁以下	18 ~ 25 岁	26 ~ 35 岁	36 ~ 40 岁	40 岁以上

续表

	1	2	3	4	5
学历	初中	高中	大专	本科	硕士及以上
消费水平	1000 元以下	1000～2000 元	2000～4000 元	4000～6000 元	6000 元以上
使用场景	发件；公用	发件；私用	收件；公用	收件；私用	
业务类型	同城快递	异地快递	国际快递		

（4）不同业务类型客户群感知价值特征。按照快递的业务类型将客户分为使用同城快递、异地快递与国际快递三类群体，其客户感知价值的分布如图 3－16 所示。可以看出，同城快递客户群的感知价值最高，异地快递次之，国际快递最低。同城快递一般情况下在 24 小时之内便能送到，无论是在工作中传递文件样品等还是在生活中邮寄私人物品都很便利，这也在一定程度上相较于异地与国际快递，服务质量更容易保障。

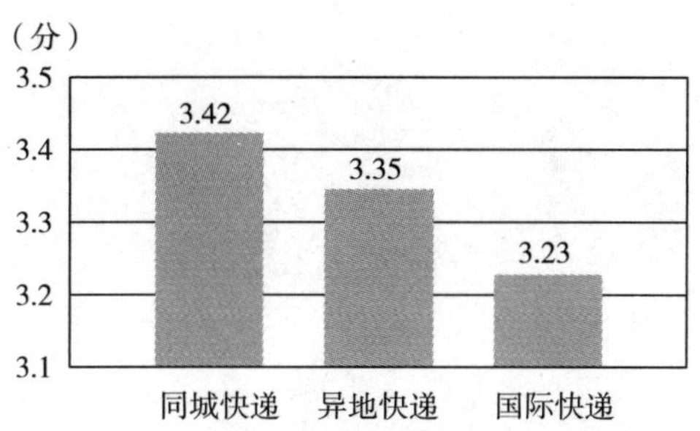

图 3－16　不同快递业务类型客户感知价值

（5）不同收入用户群感知价值分布。图 3－17 是按照不同的用户收入水平来计算出的各群体的客户感知价值，图中所呈现的特征也很明显，大致趋势为客户感知价值随着收入的增加而降低。这说明高收入群体对快递的服务质量要求更高，原因在于一方面，其对价格不是很敏感；另一方面，则是由于高收入人群的需求相对来说更加多样化、个性化，现今还比较单一的快递服务并不能够很好地满足该群体的需求。这就需要 EMS 更加注重不同层次特别是高收入客户需求的满足，注重多样化需求的满足。

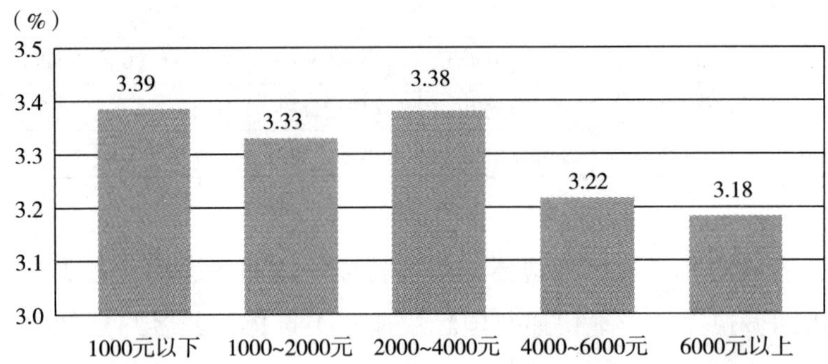

图 3－17　不同收入客户感知价值

第四章

我国电商市场快递业价格形成机制研究

一、快递服务定价的内涵与特征

快递服务是指快递企业向客户提供非所有权属性商品的传递使用价值，并使客户获得与其付出等值的服务。因此，快递服务属性使其定价不同于一般产品。快递产品的市场价格信息往往反映现时服务的价值属性，是由不同方面参与要素之间博弈造成的。其中，服务成本决定服务价格的下限；客户感知价值即客户期望愿意为服务支付的最高金额决定服务价格的上限；而市场参与主体间相互作用则调节着企业服务价格在两者之间不断波动的幅度。

（一）快递服务的特征

快递服务通常具有无形、非所有权、有限感知以及便捷等特征。这些特征往往影响着参与要素，进而影响着快递服务的定价。

1. 无形性

服务本身是反映商品与信息的一种定向流动。它与实体商品相比，不具有实体商品的外观、气味以及功能等实际体验。这种无形性特征造成了客户较难用量化的标准来觉察服务的实际效用，导致消费者很难依据客观对象和评价标准对服务质量给予打分。这使得评价结果与真实情况产生一定的差距，掺杂消费者的主观感受，具有较大的随意性。而客户的感知效果对于快递服务定价又具有相当的影响。因此，快递企业应注重客户感知，实施差别化服务将可以获得更多的消费者剩余。

2. 非所有权性

在前文所述快递服务的内涵中提到客户在得到快递服务的同时不附带服务的所有权转移。客户通常在快递服务过程中获得其使用价值，虽然不能取得服务的所有权，却可以获得快递服务对象的所有权。譬如在传递服务商品的同时对物品造成一定的损害，倘若这种损害影响到商品的价值和使用价值，那么客户必然对快递企业产生不满，给予快递企业较低的评价，影响快递服务的结果质量，从而影响快递产品价格。

3. 有限感知

顾客对快递服务的感知具有有限性，顾客会对所能感知到的利益与其在获取产品或服务时所付出的成本进行权衡之后对产品或服务效用进行总体评价。它体现的是顾客对企业产品或服务价值的主观认知。这种感知因人而异，具有有限性特征。顾客会依据自己的主观感受和偏好来做出购买决定，而绝不仅仅是取决于客观因素限制。

4. 便捷性

客户等待时间与快递服务时间的比较同样直接关系客户对快递服务质量的评价。

（二）快递服务的定价原理与方法

1. 快递行业市场结构

现阶段以及相当长一段时间，我国快递服务的定价通常基于成本与竞争。成本是影响快递供给的重要因素。生产服务型企业在定价权上有一定的优势，但同时又受其他因素的影响，如供求关系以及市场规则等。不同的市场结构也会对快递服务定价产生一定的影响。市场结构一般被划分为4种，即完全竞争市场、垄断竞争市场、寡头垄断市场和完全垄断市场。判断一个行业处于哪一种市场结构，应从以下几个方面来看。

第一，行业内部的企业数目多寡。一个行业内竞争程度激烈与否与企业数目成正比；数目少则其垄断程度高。当只有一家企业时，市场属于完全垄断结构；当只有少数几家时，如中国电信市场，市场属于寡头垄断结构；当企业数目非常多时，市场属于完全竞争市场。

第二，行业内部生产企业间的产品差异度。

第三，市场准入的难易程度。准入的难易程度与其竞争强度成反比，而与垄断程度成正比。

我国快递行业的发展在不同阶段呈现出不同的市场特征，大致分为四个阶段。

（1）兴起阶段（1979～1990年）。以国有企业为主的时期。20世纪80年代初，中国对外贸易运输总公司成为国内首家从事快递业务的企业。外资快递企业进入中国市场需先与对外贸易运输总公司达成代理协议。1985年，EMS成立。这一阶段属于典型的完全垄断结构。

（2）发育阶段（1991～2002年）。这一时期民营快递企业应运而生。申通与顺丰在1993年分别成立，从那时起，民营快递企业成为国内快递产业的重要有机组成部分。

（3）蓬勃发展阶段（2003～2010年）。市场准入壁垒破除，电子商务的助推。随着中国加入世界贸易组织，网络购物成为一种新的商务模式，国内外众多快递企业纷纷成立。民营快递企业以加盟或者直营方式获得极大的发展，同时市场也陷入无序竞争的态势。这一阶段符合完全竞争市场结构的特征。

（4）转型阶段（2011年至今）。经过激烈竞争，形成少数大的快递企业。无论是外资、国有还是民营企业纷纷加大投入，提高核心竞争力。这一阶段符合垄断竞争市场的特征。

在第三阶段，市场结构近似表现为完全竞争，企业努力扩大市场份额，进行产量竞争，具体表现形式为快递企业努力提高网络覆盖范围。当市场逐渐饱和时，竞争形式表现为在进行产能竞争的同时也进行价格竞争，企业服务同质化现象比较严重。快递行业平均利润下降，部分企业由于经营状况不佳而退出。部分优秀企业则通过不断改革使得自身发展壮大，利用自身优势吸引客户，此时市场竞争进入垄断竞争阶段。但由于快递行业市场准入与退出门槛较低，加之电商企业不断自建物流配送等因素，市场很难形成寡头垄断形态。

2. 定价原理

根据客户与企业行为的特点，下面将阐述不同市场结构下快递服务价格形成的基本原理。

（1）完全竞争市场结构条件下。在完全竞争市场中存在着大量买方和卖方，且市场准入与退出门槛较低，市场中每家厂商均认为市场价格与自身产量大小无关。市场均衡的条件是边际收益等于边际成本。

（2）垄断竞争市场条件下。与完全竞争市场相比，垄断竞争市场卖方与买方数量相对较少，即使生产同一种产品也存在差异。那么此时每一个厂家的产品都有一个对应的价格。差异化的产品服务使得快递行业从完全市场竞争逐渐过渡到垄断竞争形态。服务的差异化使快递企业具有一定的市场话语权，针对不同的客户需求，企业可以实现跟自身战略相符的目标。例如跨国快递巨头 DHL、联邦快递等占据国际快递市场大部分份额。国内民营快递企业占据电子商务市场份额的半壁江山。

（3）寡头垄断市场条件下。寡头垄断市场结构的特点表现为整个行业市场商品或服务的生产和销售被少数厂商掌握，这是一种较为普遍的市场结构。规模经济是形成这一市场结构的根本原因。在寡头垄断市场上，每个快递企业的产能在本行业中均占有一席之地。那么企业之间的决策也是相互影响的，因为每家企业的变动都会对市场产生较大的影响。所以说寡头企业的利润受市场内其他企业的相互影响。

寡头企业之间的交互方式比较多样，如产能领导、价格领导、联合定价等。此时，快递服务的定价不仅要考虑成本，还要更多地受企业间的竞争影响。不同的博弈方式往往导致不同的快递价格。现阶段我国电商市场上快递企业的竞争形态较符合这一特征。下面本书将就电商市场快递价格形成进行研究。

（4）完全垄断市场条件下。在我国快递行业发展的第一阶段，EMS 长期处于一家独占国内快递市场的状态。形成这一垄断市场的原因是政策规制。这一结构的行业产品定价受政府管制，这里不再赘述。

二、电商市场快递价格形成主体对其定价机制的影响分析

（一）参与主体构成

网络购物已经成为现代生活中较为普遍的一种商业模式。作为电商产业链配送终端的快递业的运价起落一直牵动着社会各方面的神经（冯蒸劳，2001）。2012 年，联邦快递（FedEx）、UPS 等跨国企业以及京东等国内规模较大的电商陆续获得营运牌照，更加激化了国内快递业的竞争强度。同年 8 月，走高端路线的顺丰推出了“四日件”产品类型，瞄准被“三通一达”占据的淘宝阵地；随着 EMS 的 IPO 列入议事日程，EMS 也进行了多轮多地的价格下行调整。从上述现象可以看出，价格问题一直是电商市场中快递行业面对的主要问题之一。

作为电子商务生态系统中关键种群之一的第三方快递物流公司，与平台自身建设者（诸如淘宝）、卖家（网商）往往就服务价格反复地讨价还价。市场的价格竞争行为常常使快递服务价格波动。资料表明，国内快递

行业的平均利润率已从7年前的20%降至2012年的8%。服务价格过低提高了物流业风险系数，同时也降低了快递服务质量；价格过高则降低了卖家的盈利水平及消费者网购的积极性。那么，当前我国电商市场快递业的价格形成机制到底是怎样的？

一般来说，价格形成机制包括三个方面，即价格形成主体、价格形成的原则及方式。下面我们将就当前国内电商市场中快递价格形成主体、原则、方式以及快递业价格形成机制的核心进行分析。

如图4-1所示，价格形成的主体主要由四部分构成：电商平台运营者、平台准入的N家快递企业（N为有限个）、网商（主要是指B2C和C2C市场上的卖家）、消费买家。价格形成的原则可以简单地概括为满足需求增长、竞争充分、能够促进产业健康发展。

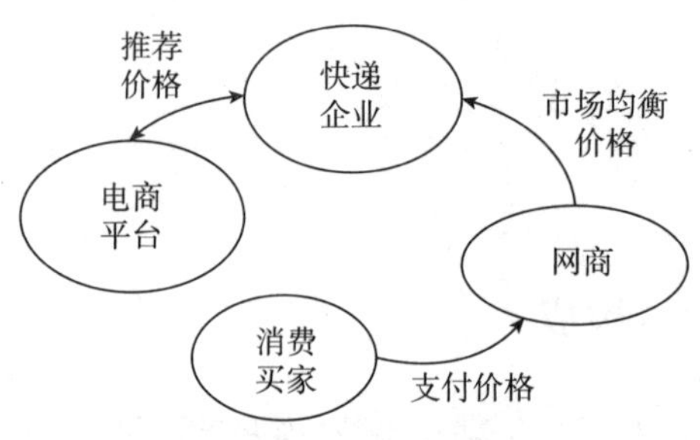

图4-1　市场参与主体

定价机制是价格形成机制的核心，当前电商市场快递业的定价机制主要包含两方面内容。

（1）推荐价格机制。电子商务企业淘宝与准入的快递企业合作，采取了“推荐价格”“推荐物流”等措施，将相关配送信息提供给卖家作参考，电商平台不从快递服务价格中获得直接经济利益。这时，电商平台运营者起着类似“中间人”的作用，为网商和快递企业之间架起沟通交流的桥梁。

对于垂直电商企业如京东等自建物流，电商企业能够直接向消费者或第三方卖家提供快递服务。这类企业的快递推荐价格往往与消费者所采购的金额相关：即消费定额以下收取快递费用；定额以上则免收运价。这种推荐策略能够利用消费者的心理，使其能够增加消费金额，从而能够提升销售利润来冲抵物流成本。

（2）市场竞争机制。快递企业相互竞争，网商根据自身的需求选择符合利益最大化的快递服务，这也是实际发挥作用的定价机制。此时，市场的主角成了企业与客户。企业之间的相互竞争最终形成市场交易的均衡价格。

推荐价格机制起着指导的作用，一方面，它为网商提供了初步的参考价格；另一方面，也给快递企业了解市场需求、为市场竞争格局提供了借鉴样本。市场竞争机制则较充分地发挥资源配置作用，优胜劣汰。这两种机制相辅相成，共同构建当前以淘宝为核心的电商市场快递业价格的形成。那么，价格形成主体对定价机制有什么影响？网商（卖家）与快递企业之间的关系如何？快递企业之间又是如何竞争的？消费者的作用体现在哪里，这些问题需要我们一一进行探讨和研究。

（二）参与主体对其定价机制的影响分析

已知，当前电商市场快递价格形成主体主要包含四个方面，即电商运营者（淘宝）、被准许进入平台市场的多家快递企业、网商（卖家）和网购消费者。

电商平台运营者（淘宝）作为电子商务生态系统的领导种群，对整个交易流程负责，它引导、制定了网购的交易规则与市场准入。这一系列规则直接决定快递价格形成的原则和方式。平台运营者基于有效整合产业链、发展壮大电子商务生态系统、最大限度克服物流问题的目的，引进了包括“三通一达”在内的多家快递企业。这些企业被赋予充分的竞争权。它们的加入既能够满足产业链中快速增长的客户订单，其相互之间竞争也可以使客户获得最大利益。因此，可以看出电商运营者对快递价格定价机制起着至关重要的作用，它将其他三大主体在一定规则下紧密地联系在一起，组成一条富有生命力的产业链。

网商作为电商市场中交易的实际负责人，拥有庞大的客户资源。平台的交易规则和现实情况使其具有实际选择不同快递公司的能力，并有一定的谈判势力。这里可以看出，快递企业的客户实际上是大大小小的网商。在实际交易中，网商代替消费者选择快递企业，其巨大的业务量是其优势所在，并对快递业价格产生一定的影响。网商在市场竞争机制中发挥重要的作用。

消费者是价格的最终承担者，但对快递企业的约束力微乎其微。推荐价格机制是电商平台沟通网商与企业，并没有对消费者提供一定的知情权和选择权。因此，消费者往往难以充分享受市场竞争带来的价格与服务质量的好处。

快递企业是服务提供者，快递价格的最终形成取决于快递行业整体的营运水平。而良好的市场竞争机制能够加速促进我国快递业的升级，提高运营效率，提供给市场更低廉的价格、更优质的服务。因此，结合当前快递竞争的现状，研究当前电商市场快递业价格竞争具有重要意义。

三、基于多维博弈模型的快递价格竞争机制

价格既牵动着快递企业的营收规模和利润，也连接着商家的运营成本。快递价格竞争突出反映行业本质特征。目前，我国快递业的行业特征主要表现在迅捷性和价格方面，正在由量到质的转型过程中，价格竞争仍然是快递行业乃至整个物流行业的重要表现。

（一）不完全信息条件下

均衡价格的形成是由于市场参与方各自为争取其边际效用（成本）与市场价格相等，促成了市场需求曲线与市场供给曲线相交之价（高鸿业等，2007）。因此，均衡价格只能是在快递企业之间、卖家之间、快递企业与卖家之间追求自身利益最大化的过程中博弈决定。

对于电商平台准入的每一家合作快递企业来说，其市场份额的多少取决于自身提供的服务质量与服务价格。换句话说，对于每一个卖家而言，有 N 家快递企业可供选择（N 表示推荐企业有限个）。卖家对于服务的期望利益是安全、快捷，当面对市场中的相同期望产品时，就会对服务价格尤为敏感，这样服务价格就成为卖家选择快递企业最为重要的影响要素。在快递市场中存在着的企业间激烈价格竞争导致卖家与快递企业所达成的服务价格 P 往往低于推荐价格 S。

在存在产品差异的情况下，均衡价格不会等于边际成本。[①] 基于快递市场上的信息不可能是绝对完全的，商家对价格的敏感程度也有所不同，那么这种情况下市场满足每个企业利润最大化的均衡条件值得关注。[②] 为方便讨论，同时基于快递服务同质化的特性，这里作如下假设。

（1）假定参与电商平台的快递企业数为 $N(N>2)$，N 为有限寡头数目，参与人集合 $N=\{1, 2, \cdots, n\}$（$n>1$；$n \in N^+$）。

（2）电商平台某个快递企业 B_i 的价格与卖家购买的可能性成反比，即价格越高，购买的可能性越低；价格越低，购买的可能性越高。根据假设，企业 B_i 的报价为 p_i，则卖家从 B_i 下单的概率有以下函数形式。

$$\mathrm{Pos}(B_i)=f(p_i)=k\left(\frac{1}{p_i}\right)^{q_i} \tag{4-1}$$

为方便讨论，k 为概率标准化常量，概率归一化处理，可得

$$k=\left(\frac{1}{\sum_{j=1}^{n} p_j^{-q_i}}\right) \tag{4-2}$$

其中，q_i 是卖家对快递订单的需求弹性，用来表示商家对价格的敏感程度。k 是用来将概率向量标准化的常数。这里假定 $q_i=q$，即各企业需求弹性相同。[③] 显然，q 越大，价格高的快递单被购买的概率越小，价格敏感

① 张维迎．博弈论与信息经济学［M］．上海：三联书店，上海人民出版社，2004.

② 罗云辉，夏大慰．市场经济中过度竞争存在性的理论基础［J］．经济科学，2002（4）.

③ Basu N.，Pryor R. J. Quint T.，Arnold T. ASPEN：A Microsimulation model of the economy［M］. Sandia report－SAND96－2459，1996.

程度越高。也就是说，一个企业的价格相对于其他企业越低，商家从该企业下订单的可能性就越高，此函数形式符合假定。

（3）假设每个企业的战略均是制定价格，支付是利润，它的数学期望就是多个企业定价和销售量的函数。

$$E[\pi(B_i)] = (p_i - C)Q\frac{p_i^{-q}}{\sum_{j=1}^{n} p_j^{-q}} \tag{4-3}$$

其中，$\pi(B_i)$ 表示企业 B_i 的利润；C 代表边际成本且为常数；Q 是整个系统对快递订单的需求。

为求得每个企业的最大利润，即对其利润函数求一阶偏导并令其等于零，即

$$\frac{\partial \pi_i}{\partial p_i} = Q\frac{\sum_{j\neq i}^{n} p_j^q - (q-1)p_i^q + Cqp_i^{q-1}}{(\sum_{j=1}^{n} p_j^q)^2} = 0 \tag{4-4}$$

求解这个函数并得到企业 B_i 利润最大的条件为

$$\sum_{j\neq i}^{n} p_j^q = (q-1)p_i^q - Cqp_i^{q-1} = p_i^q\left(q - 1 - \frac{Cq}{p_i}\right) \tag{4-5}$$

若令 $\frac{C}{p_i} = a_1$，则 $0 < a_1 \leqslant 1 (0 < C \leqslant p_1)$，即可得企业 B_i 的反应函数为

$$p_i = \sqrt[n]{\frac{\sum_{j\neq i}^{n} p_j^q}{(1-a_1)q - 1}} \tag{4-6}$$

式(4-6)表明，企业的最优战略(定价)是市场中其余企业价格的函数。对于有限个同质企业中，各自反应函数的交叉点就是纳什均衡：

$$p^* = (p_1^*,\ p_2^*,\ p_i^*,\ \cdots,\ p_n^*) \tag{4-7}$$

同理，企业 B_j 利润最大的条件为

$$\sum_{i\neq j}^{n} p_i^q = p_j^q(q-1) - Cq\,p_j^{q-1} = p_j^q\left(q - 1 - \frac{Cq}{p_j}\right) \tag{4-8}$$

将 n 个企业的利润最大条件相加，我们可以得到

$$(n-1)\sum_{j=1}^{n} p_i^q = (q-1)\sum_{j=1}^{n} p_i^q - Cq\sum_{j=1}^{n} p_i^{q-1} \tag{4-9}$$

通过移项可得

$$p_1^{q-1}[(n-q)p_1+Cq]+p_2^{q-1}[(n-q)p_2+Cq]+\cdots+p_i^{q-1}[(n-q)p_i+Cq]+\cdots+p_n^{q-1}[(n-q)p_n+Cq]=0 \tag{4-10}$$

因为 p_1、p_2，…，p_i，…，p_n 均大于0，只有当 $(n-q)p_1+Cq=(n-q)p_2+Cq=(n-q)p_i+Cq=(n-q)p_n+Cq=0$ 时，其均衡条件才能取得。故，纳什均衡条件为

$$p^*=p_1^*=p_2^*=p_i^*=\cdots=p_n^*=\frac{Cq}{q-n}=C+\frac{Cn}{q-n} \tag{4-11}$$

将式(4-11)代入式(4-2)，此时每个企业的均衡利润为

$$\pi(B_1)=\pi(B_2)=\pi(B_i)=\cdots=\pi(B_n)=\frac{CQ}{q-n} \tag{4-12}$$

以上讨论表明以下几点。

（1）该模型存在让双方都达到利润最大的均衡。这里可以认为商家的购买差异是由于不完全的信息和消费者对价格敏感程度的差异引起的。对价格变化越敏感，均衡利润越低。商家对价格的敏感程度越高，价格差异造成的订单量差异也就越大，那些定价较高的企业被迫降低价格以提高销售量和利润。反过来讲，如果企业想提高均衡利润，那么需要采取适当的对策来降低商家对价格的敏感程度。

（2）当 q 趋近于无穷大即 $q\to\infty$ 时，该市场等同于完全竞争市场，此时，均衡价格等于成本，均衡利润变成0。这一结论与伯川德价格竞争模型相同，价格低的一方能够获得全部的市场份额。事实上，价格敏感度 q 不可能趋近于无穷大，市场信息的传播总有滞后性，消费者的个人偏好也不尽相同。

（3）Q 表示整个系统总的快递订单量，在高速发展的电子商务 C2C 与 B2C 市场，Q 快速地增长，使得电商企业（淘宝）准入的快递企业整体利润也能保持不断增加。从周期性来讲，快递企业之间惨烈价格战往往是电商市场发展增速下落的时期；当电商市场发展较快时，快递价格则稳中有升。

实际的快递竞争市场往往是企业间完全竞争与不完全竞争相互交织作用的反映，即有因不完全信息和商家对价格敏感程度的差异引起的购买差异而使同质情况下报价较高的企业也能够获得部分市场份额，同时又包含各个单位生产成本不同的企业相互竞价竞争。

目前，我国电商市场中快递企业间同质化现象较为严重，价格竞争是企业间竞争的主要形式之一。这从一个侧面说明企业缺乏非价格竞争的行为能力，这种现状既不利于“合宜”的快递市场结构的确立，也不利于行业整体结构的调整和升级。因此，现阶段的价格竞争行为仍是较低水平的企业竞争行为。

如果假设提供的产品是同质的，而企业的竞争战略是价格而不是产量，伯川德（Bertrand）证明，在完全信息市场上，即使只有两个企业，在均衡情况下，价格等于边际成本，企业的利润为0，与完全竞争市场均衡一样。这便是所谓的伯川德悖论（Bertrand Paradox）。以往较多地研究豪泰林（Hotelling）价格竞争模型，它考虑产品差异化，此时买方对不同企业的产品有着不同的偏好，价格不是它们感兴趣的唯一变量。在存在产品差异的情况下，均衡价格不会等于边际成本。但基于快递服务产品具有较强的同质化属性，因此以下研究建立在伯川德基础之上。

（二）完全信息条件下

Bertrand 经典模型为理解快递企业间的价格竞争提供了很好的平台，但是每个企业都有自己的战略追求利润的最大化，同时各个企业的单位成本也各不相同[①]，下面将讨论这种情况下企业间是如何进行竞争的。

现在我们把它进行些修改：首先，将经典模型中的 2 个企业扩大到 $N(N>2)$个企业提供同质产品，参与人集合 $N=\{1, 2, \cdots, n\}(n>1,$

① Shapiro Carl . Theories of oligopoly behavior ［M］. Handbook of Industrial Organization , Volume 1 , Elsevier Science Publishers , 1989.

$n \in N^{+}$)；其次，各个企业拥有边际成本为c_k，($k=1, 2\cdots n$，且c_k仍为互不相等常数)，企业拥有相同的固定成本f且没有生产能力约束。那么企业B_i的利润为

$$\pi_i(p_1, p_2, \cdots, p_n)=\begin{cases}-f, \text{ if } p_i>p_j \\ \dfrac{\pi(p_i)}{m}, \text{ if } m \text{ 个企业有相同的最低价，} i \text{ 属于其中之一} \\ \pi(p_i), \text{ if } p_i<p_j, i \neq j\end{cases}$$

(4-13)

其中，$\pi_i(p_i, p_j)=(p_i-c_i)D_i(p_i, p_j)-f$。当$c_i \ll p_i<p_j$，$i \neq j$时，企业$B_i$的利润为$(p_i-c_i)D(p_i)-f>0$。此时它获取了市场的全部利润，而其他$(n-1)$家企业处于亏损状态。那么企业$B_j$就会使得其价格略低于$p_i$，如同上述两寡头企业反复价格博弈一样，市场价格逐步降低，直至出现一个企业B_k将价格p_k降低至其边际成本c_k，此时它的利润$\pi_k=-f<0$。那么B_k将退出价格博弈，其余$(n-1)$家企业重复上述过程，最后边际成本最小的企业获得零利润$(p_{\min}-c_{\min})D(p_{\min})-f=0$，其他企业利润为$-f$，这里不妨作如下推论。

推论：①如果存在一个价格p_0($p_0 \in [0, \infty)$)，对于所有的$0 \leqslant p<p_0$来说，那么$\pi(p) \leqslant \pi(p_0)=0$；②当且仅当$p_0$存在时，此博弈的伯川德模型均衡存在。

可以看到，在完全竞争条件下，由于价格p_0的存在，市场上将没有企业能够通过降价来获得利润。

在改进后的伯川德模型下博弈的结果揭示了快递市场中有限寡头企业的价格竞争使得在各自利益最大化的前提下，出现了所有企业利润均为负值的结局。快递企业间的价格竞争就是在重复上述过程。由于电子商务的崛起、网络平台的便捷应用，因价格变动的信息传播滞后可能性大大降低，快递企业间竞相压价能够更加快速地获取更多的市场份额，价格博弈的结果造成现今快递行业利润率的持续走低。也是市场上“先涨价先死，不涨价等死”说法的真实写照。

但博弈的结果（零利润）依然与客观市场的利润大于0的事实不甚符合，传统的伯川德模型认为均衡价格等于边际成本，但客观事实表明快递服务价格常常高于边际成本并且随机波动，这也与文献资料关于价格竞争的描述相符合。一般认为，这与假设有关，首先电子商务快递市场需求依然在快速增长；快递企业的生产能力也是受约束的，任何一家企业都不可能满足所有的市场需要，再者市场信息并非完全。

（三）价格联盟的稳定性

价格一方面牵动着快递企业的营收规模和利润，同时也连接着商家运营的成本。快递价格竞争突出反映了行业本质特征。目前，我国快递业的行业特征主要表现在迅捷性和价格方面，正在由量到质的转型过程中，价格竞争仍然是快递行业乃至整个物流行业的重要表现。这也从另一个侧面说明企业缺乏非价格竞争的行为能力，这种现状既不利于“合宜”的快递市场结构的确立，也不利于行业整体结构的调整和升级。因此现阶段的价格竞争行为仍是较低水平的企业竞争行为。

基于上述一些简单问题的综述，本书将从价格联盟的稳定性等方面进行思考和总结，以期提出建议。

快递资费的价格联盟在2010年以来市场上屡见不鲜，固然有油价上涨等成本的变化，但其作用往往非常有限，“雷声大，雨点小”。在快递服务差异化不显著的前提下通常情况会有一方的退出而面临瓦解，维持价格联盟需要以下要素：①企业数目少；②有提高价格的能力；③面临的行政处罚成本小；④联盟内部有较强控制力的监督。

从这几点看，快递企业不具备价格联盟不遭瓦解的条件。首先，随着外资快递的加入、EMS上市的准备，市场竞争必然会越发激烈；其次，联盟不存在现实性，即达成协议的几方彼此没有约束力；最后，价格联盟也与现行法律不相符。

四、政策建议

综上所述，本书提出以下几点建议。

一是快递企业提高服务质量，加强产品差异化，降低消费者对快递价格的敏感程度。产品差异化策略能够较好地削弱价格竞争，增加企业利润的作用。快递企业往往在迅捷性和价格方面竞争，尤其在企业扩张期对软实力方面不太在意，造成“暴力分拆”“态度恶劣”等诸多投诉。那么提高服务水平、提高卖家对快递企业服务的认可度、培养起购买偏好、最终达到稳定和扩大客户源也是企业面对同质化情况下价格竞争的策略之一。

二是电商企业增加消费者对物流的评价体系，细化评价指标，给予消费者更多的知情权以便选择优秀的企业服务产品。这一措施的本质是尽最大可能消除不完全信息给市场交易带来的负面影响。电商一直是快递业发展的最大动力，增加对快递物流的评价体系，可以给消费者以更多的选择权来选择为其服务的对象。这样那些服务质量不佳的企业就会认真提高服务质量来保住市场占有量，改进、改善诸如货物丢失等快递业较多的问题。这样快递业与外部组织之间就会形成良性互动，而电商企业也可以更好地专注于整体的运营，组织间能够共同推动系统的发展与演化。

三是政府构建良好公平竞争的法制环境，防止企业间形成价格串谋、侵害消费者利益的行为发生。政府应该致力于为企业竞争构建“鼓励竞争，限制垄断”的良好环境。

五、本章小结

本章首先分析了快递服务定价的内涵与特征，阐述了快递服务定价的一般原理与方法，指出我国现阶段快递服务的定价通常基于成本与竞争，同时也受市场结构、供求关系以及相关规则等因素的影响。当前我国快递市场结构正由垄断竞争向寡头垄断市场过渡。在寡头垄断市场结构条件下快递服务的定价不仅要考虑成本，还要更多地受企业间的竞争影响，这是因为企业之间的决策是相互影响的。现阶段我国电商市场上快递企业的竞争形态较符合这一特征。

当前我国电商市场快递价格形成机制有两类：一是价格推荐机制；二是市场竞争机制。在电商市场快递价格形成机制的研究中对参与价格形成的市场主体——电商平台运营者、接入快递企业、网商（主要是指 B2C 和 C2C 市场上的卖家）、消费者所起的影响作用进行了分析；立足我国实际情况，构建不完全信息条件下的电商市场快递需求函数，指出该模型存在让双方都达到利润最大的均衡。模型结果显示，价格敏感系数越大，快递企业的均衡利润越低。网商对价格的敏感程度越高，价格差异造成的订单量差异也就越大，那些定价较高的企业被迫降低价格以提高销售量和利润。反过来讲，如果企业想提高均衡利润，那么需要采取适当的对策来降低商家对价格的敏感程度。

引入完全信息条件下的伯川德模型较好地说明了对于同质化企业来说实施价格竞争最终会使彼此都没有利润。最后讨论了快递企业价格联盟的不可行性。

通过完全信息与不完全信息两种条件下的建模分析，得出电商市场的快递企业缺乏非价格竞争的行为能力。针对这一问题，最后提出了一些促进快递企业竞争理性化的对策与建议：①快递企业提高服务质量，加强产品差异化，降低消费者对快递价格的敏感程度；②电商企业增加消费者对物流的评价体系，细化评价指标，给予消费者更多的知情权以便选择优秀的企业服务产品；③政府构建良好公平竞争的法制环境，防止企业间形成价格串谋、侵害消费者利益的行为发生。

第五章

分散决策下的快递—网商产业链协调机制研究

一、电子商务产业链网商与快递企业利益分配问题分析

企业的经营、市场的竞争受多方面因素的影响，不仅与行业内竞争对手有关，也与合作伙伴有关。网商与快递企业的关系是复杂的。一方面，网商是快递企业的客户；另一方面，网商可以以低于客户支付的费用与快递企业达成业务派送。电子商务生态系统是由多个追求自身利润最大化的独立决策主体组成，而各个企业主体的运作目标有可能因为目标的不一致发生冲突使系统运行受到影响。目前电子商务消费者在付费的情况下多数不能自由选择快递企业，由网商代理。由此可见，网商掌握了选择的主动权。在这种情况下，网商利用信息不对称以及自身拥有的资源，一方面，向快递企业压低成交费用；另一方面，向消费者收取比较高的价格来赚取差价。这一行为不仅损害了消费者的利益，同时也对快递企业造成了较大

的利润损失。[①] 导致产业链发生利益冲突不协调的主要原因是网商与快递企业主体利益不同造成的，应建立产业链协调机制进而使这两种组织成员目标趋同、彼此间有较好的合作基础，能够较完善地协商解决各种可能出现的矛盾，并对目标资源等进行合理安排，提升整个产业链的核心竞争力，最大限度地实现电子商务生态系统的整体功能。

本章构建了一个简单的两阶段多代理快递—网商协调模型，试图从几个角度来研究这种交互关系对双方利润水平的影响。

二、基于代理(Agent)的一般基本实验建模方法

面临日趋复杂的社会经济环境，科学研究要面向越来越复杂的系统，以往简化的线性模型已无法刻画与描述普遍存在的非线性的事务关系，因此，计算机模型便越来越受到复杂性研究的青睐。如前文理论所述，CAS（Complex Adaptive System，即复杂自适应系统）理论作为一种研究复杂性系统的理论假说，是目前计算机建模方法最受重视的理论基础。目前在社会科学领域产生较大影响、比较成熟的计算机建模方法有系统动力学、微观仿真模型、元胞自动机、多层模拟、神经网络、遗传算法、多 Agent 建模等（张军，2009）。

基于代理的建模方法源自于人工智能领域的一个分支学科——分布式人工智能（Distributed Artificial Intelligence，DAI）。多代理模型中的程序片段代理可以很好地表征一个独立的经济个体（组织或者某个人），而大量可以描述个体或者组织构成的集合行为的程序集合则构成人工社会科学领

① 网商打压恶性竞争致快递业倒挂［EB/OL］. http：//www.chinanews.com/cj/2011/02－11/2836892.shtml.

域研究的基本模型。基于代理系统的计算机建模，简称基于代理建模（Agent Based Modeling，ABM）。随着复杂性科学的深入持续研究，多代理建模方法在人工社会经济系统中的应用越来越广泛。

（一）基于代理 ABM（Agent Based Modeling）概念与特征

基于代理的建模方法是一种由组成系统的各个单元个体组成的、对系统的一种描述方式，它不仅是一种简单的方法，更是一种建模思路——将微观与宏观相结合的建模思路。在基于 Agent 的建模中，多个可以自主决策的主体相结合共同模拟仿真所要建的模型系统，这种主体就被称为代理。模型中的 Agent 能够自行判断当前状态，并且可以依据已有规则来做出自己的下一步决策。例如，在 Cynthia 基于案例、构造出企业知识共享影响因素模型（e - Kns - MOD）的研究，用于表征模仿企业管理者的 Agent与表征模仿该企业知识工作者的 Agent 的行为有很大差异。这些对企业知识共享行为进行仿真的模拟差异就体现在主体属性、主体间的交互、主体所处环境三方面。这些差异使管理者和知识工作者能更好地理解影响知识共享行为的因素。

Agent 一词在不同学科背景甚至同一学科下有相近或者些许差异的别称（这里我们不作区分，代理即可理解为主体）。在智能电子交易模型系统中，Agent 具有主动学习和适应的能力。主体有以下几个特征：反应性（能够感受外在环境的变化，并做出相应的行动反应）、自治性（自主控制自己的行为）、前摄性（事先有目的、有计划地驱动）、时间上的连续性（行动有持续性）。此外，从他我的角度 Agent 还具有其他特征：交互性，即能够与其他主体交互；移动性，可从某一区域搬移到另一区域；学习能力，能够根据相关规则在以往的经历当中学习并调整自己的行为等。

计算机建模在人工社会科学中有以下优点：①更好地理解现象，发现现象背后的机制；②预测和辅助决策；③发展新的工具来扩展人的能力；④统合人工社会科学理论，为社会经济系统提供一个可验证的范式和跨学科交流的平台。

基于代理的建模与其他建模方法相比，又具有以下特征。

（1）能够更好地分析系统的微观行为与宏观属性之间的关系。因为基于代理的建模使用的是一种自下而上的建模方式，在该方法下，首先，建模人员创建系统各个组成要素的单元代理模型，然后，研究各个代理之间的交互关系，最终构建系统模型，这种思路能够很好地创建系统微观与宏观之间的研究“桥梁”。

（2）基于 Agent 的模型能够更好地研究涌现现象。“涌现”是复杂性科学中很重要的一种现象。当较低级别的组织或个体相互交互导致较高级别的组织或个体产生时，这一现象被称为“涌现”。抑或组成系统的各个单元相互作用发生了原来没有的现象，也可称作“涌现”。比如温度是物体内部分子运动的涌现，单个分子没有温度特性，但其所组成的物体就涌现了温度。由于系统大于其部分之和，涌现就是通过系统各个部分之间的交互而产生的，而且涌现产生的结果也可能和导致涌现的各个主体的出发点完全相反。“涌现”的这些违反自觉的特性使运用传统研究方法分析系统的“涌现”特性非常困难。但是，社会系统由于其自身的复杂性，如果忽视其涌现特征就很难对其进行有效的研究。在 Agent Based Modeling（ABM）方法体系中，可以通过对系统中的各个参与主体建模，分析它们之间的交互关系，运用自上而下的建模方式来捕捉和分析社会系统的涌现特征。

除了涌现外，源自生物学的自组织理论对社会仿真的影响也越来越大。自组织关注的是一个机体或组织自产生、自维持的现象。在社会科学领域，社会经济系统同样存在大量自组织聚集的现象，如城市、供应链、企业集群、专业市场等。

（3）基于 Agent 的模型能够创建更加符合现实的实验模型。基于代理的建模方法可以创建任何可以自主决策的行为主体，并且能够较好地反映实际情况的虚拟模型。比如，热虫效应通过研究各个生物体的动态行为来分析在某个特定区域内群体的整个活动特征，这样的分析仿真能够更好地观察此类生物群体的活动特性。表 5 - 1 可以较好地说明与其他计算机建模方法相比，基于 Agent 建模的优势。

表 5－1　基于 Agent 建模与其他计算机建模方法的比较

研究方法	多 Agent 建模	其他计算机建模方法
模型系统基本元素	适应性主体	基于方程
模型系统分析构造方式	自底向上	自顶向下
是否有决定性	随机性	确定性
仿真结果对系统的意义	有解释能力	不确定性
环境因素	产生环境	限定环境
系统参数数目	参数较多	参数较少

（二）多代理建模的一般流程

并非所有的社会经济科学问题都适用于多代理的建模实验方法，如果所研究的对象系统具有以下几个特征，那么就可以应用多代理的建模方法进行实验：一是决策主体之间的交互具有非线性、动态不连续和复杂性；二是决策主体所在环境的具有动态性；三是决策主体具有异质性；四是交互结构和行为存在异质性；五是决策主体具有学习和进化特征等。

使用基于 Agent 模型方法来研究人工社会科学问题必须构造合适且面向 Agent 的系统实验模型，面向 Agent 的建模方法必须使用一系列代理来表达系统的要素构成，分析代理之间的交互关系，研究各个代理的行为规则。每个实验模型应围绕相应的研究目的，即分析系统中各个单元之间的关联，又研究各个 Agent 之间的交互，最终形成一个模型系统。

如图 5－1 所示，Agent 建模流程大致需要三大步骤。

第一，对所研究的现实科学运行系统进行梳理，分析实际科学系统中的运行机理、系统构成、系统功能与环境、系统成员组织等。

第二，对梳理过的实际科学系统进行抽象，将其关键因素属性用数学理化等符号表征起来，建立系统的代理模型，设定其属性、行为准则、交互规则以及设置系统的演化机制、约束条件。

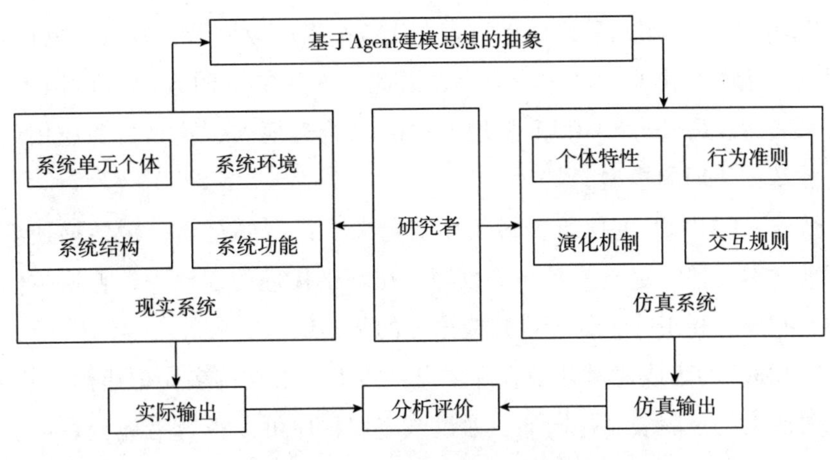

图 5－1　多 Agent 建模一般流程

第三，通过多 Agent 系统运行研究系统内部单元个体行为对系统整体特性产生的影响，并在某些条件达到合适的条件下，将模拟仿真出来的实验结果与现实结果进行比较分析，通过实验观察得到的数据来判断和总结系统行为产生的原因。

（三）FABLES 建模工具

基于代理的函数式建模语言（Functional Agent – Based Language for Simulation，FABLES）是一种编程语言，其集成建模环境（Integrated Modeling Environment，IME）是专门为基于代理的实验创建的。

AITIA 公司设计 FABLES 的一个主要出发点就是：为了帮助那些非专业的编程者，尽可能地节约研究者花在编程上的时间，这也是程序设计语言开发的主要焦点。模型的每个部分和要素都有合适的范例（如模型初始化、调度安排、代理定义等）。

FABLES 是一种动态定义的非纯粹的函数式语言（Non – pure Functional Language)，它包括高标准的函数、集合和序列表达式及为事件调度而构造的特殊语言。FABLES 是一种多聚合体（Multi - paradigm）的语言，它融合面向对象、函数语言和过程语言。

FABLES 所采用的程序设计语言与 JAVA 程序设计语言有很多共同点，还提供了 JAVA 和 FABLES 的接口，因此，一些复杂的方法可以用 JAVA 语言来表达。另外，FABLES 采用 RePast 来构建模式，这是目前应用最广泛的、基于代理的模型库。

另外，FABLES 的原始资料还详细定义了模型的行为，包括描述模型的标准文本文件、定义关系和参数等。在基于代理的建模中，普遍被应用的类型有集合和矩阵，这也是建模语言的基本结构。

FABLES 的集成建模环境有许多内置的工具来支持多代理建模。其中，最重要的工具是图表制作向导，通过该应用程序可以很容易地创建可视化界面来展示模拟的结果。有多种图表类型可以将常数、变量和函数等定义在图表模型中，如网络、条形统计图和时间序列图表等。

FABLES 的标准库是为了给予代理的建模要求设计的，包含多种相关的数学函数、事件调度功能、伪随机数发生器和装置及序列处理。①

三、分散决策下建模设计

（一）数学分析

1. 目的

本实验的主要目的在于研究分散决策下异质快递企业的竞争对网商价

① AITIA International Inc. Functional Agent - Based Language for Simulation User Guide［Z］. Budapest，2008.

格选择策略的影响。我们通过数学模型假设网商提供给 N 个异质的快递企业一定的初始业务量和初始市场成交价格。快递企业通过其产能在供给市场上所占的市场份额而与其他快递企业竞争。本书希望得到以下两个方面的结果：①快递企业的数目决定了这个两阶段产业链的竞争强度，即变量：N 对网商和快递的总体利润是否有影响，是否与网商的价格选择策略有关；②异质快递企业对各方利润的影响。

2. 模型假设及参数说明

电商市场快递价格的形成是由多方面所决定的。电子商务平台起接入作用，按现有机制，快递价格最终由平台上的网商及快递企业间博弈产生。本书考虑的是由一个规模较大的网商和多个相互竞争的快递企业组成的两阶段多 Agent 供应链系统。系统中所有参与主体 Agent 都能独立决策，但不能获得系统完整的信息，只能根据自身的盈利情况进行调整（Yang et al.，2009）。系统中的网商是风险中性的；快递企业是具有风险偏好且异质的，且我们假定以相同的服务质量完成配送服务，其成本价格相同；客户在网购时通常不会考虑由哪家快递企业配送服务，这一选择权掌握在网商手中。

模型主要参数如表 5－2 所示。由于快递企业之间的关系是相互竞争，为表示此关系，即对每个快递企业获得的快递单量 D_i 与其产能 q_i 成正比：$D_i=\frac{q_i}{q}D$，$i=1,2,\cdots,n$，其中 $D=\sum_{i=1}^{n}D_i;q=\sum_{i=1}^{n}q_i$。由此可以看出，各个快递企业之间的决策是相互影响的。这里参考 Cachon（2003）契约合作供应链的模型。

表 5－2 主要参数

数量	参数	解释
1	D	市场总的快递需求量
2	R	网商向客户收取的快递服务零售价格
3	M	网商支付快递的市场成交价格

续表

数量	参数	解释
4	c	快递企业的边际成本价格
5	n	系统中快递企业的数目
6	q	表示所有快递企业的产能
7	L	表示价格上限极大值

3. 分散决策下参与主体双方的利润模型

当此两阶段供应链系统为分散决策时，

(1)快递企业利润模型。

$$\text{Profit}(q_i)=\begin{cases} q_i(M-c), & D>q; \\ (M-c)\dfrac{q_i}{q}D-c(q_i-D_i), & D\leqslant q \end{cases} \tag{5-1}$$

(2) 网商利润模型。

$$E(W)=\begin{cases} q(R-M), & D>q; \\ (R-M)D, & D\leqslant q \end{cases} \tag{5-2}$$

(二) 模型设计

企业行为是多目标的：①经济利益，即利润；②必须满足政府监管要求，例如实行循环经济；③市场竞争的压力；④公众的压力，即企业、产品认可，以及社会契约、舆论等的压力等。本模型中代理的目标相对比较单一，即满足第一目标要求即可。

本模型的主体主要分为两类，即快递运营企业 Agent、网商 Agent。为便于研究企业间的交互关系，更加形象地构建主体间交互关系模型，模型中将企业 Agent 细分为强风险偏好型和弱风险偏好型，企业之间进行产量竞争。

网商为配送 Courier 提供快递服务所必需的商品，在平台运行过程中出售商品，为消费者寻找合适的配送 Courier Agent，在这个过程中会向每一个订单需求按照快递零售价格收取费用，同时按成交价格向快递企业支付快递费用；由于网商具有一定的主导权，采取一定的产量调整策略来扩大或缩小自身的经营规模，这种改变主要受需求的影响。

配送 Courier 从电商那里获得订单及商品，同时将其快递服务提供给消费者。配送者的行为与特征与网商有些类似。快递企业以自身利润最大化为主要目标，采取一定的产量调整策略来扩大或缩小自身的经营规模，这种改变主要受需求的影响。实现模型主要变量如表 5－3 所示。

表 5－3 实现模型主要变量

序号	变量名	解释
1	retailPrice	消费者支付给网商的零售价格（支付价格）
2	marketsalePrice	网商支付给企业的成交价格
3	cost	每单位快递成本
4	RiskPreferenceRate	企业风险系数
5	weakCAgentNum	弱风险企业数量
6	strongCAgentNum	强风险企业数量
7	capacityIncrement	产能增幅
8	rPriceIncrement	支付价格增幅
9	rPriceLimit	支付价格增加极值

这是有一个网商和多个不同质竞争的快递企业组织的两阶段交互系统，我们假定消费者的需求量服从正态分布，网商库存没有任何限制。因此，模型主要有四个组件：StarUp（初始化组件）、Schedule（调度组件）、Courier Agent（配送代理）和 E－retailing Agent（网商代理）。这些组件的详细行为设计如下。

1. StarUp（*初始化组件*）

初始化组件也称为启动模块。在程序运行之前，初始化组件将初始化整个系统，包括初始化随机数发生器、创建新的 Courier Agent（配送代理）、E－retailing Agent（网商代理）以及给全局变量赋值。

2. Schedule（调度组件）

该组件负责调度和执行事件。事件包含在调度表中，调度表属于模型自身或代理个体（对象）。每个事件都有一个非负整数的时间，事件激活的顺序由它们的时间变量来决定。时间值小的事件优先执行，如果有两个或两个以上事件需要同时执行，顺序就由均匀的随机分布决定，这个随机分布由标准的伪随机数发生器生成。假定市场需求 D 服从正态分布 $N(\mu, \sigma^2)$，调度组件将根据需求的均值和偏差来确定每个周期的市场需求，同时，此组件也将撮合市场上 Courier Agent（配送代理）和 E－retailing Agent（网商代理）的交易，并在交易后，使 Courier Agent（配送代理）和 E－retailing Agent（网商代理）调整自身的经营策略和价格策略。

3. Courier Agent（配送代理）

Courier Agent（配送代理）具有不同的风险偏好系数，但是，主要分为强风险偏好型和弱风险偏好型。每个 Courier Agent（配送代理）的风险系数不固定，服从 $N(\partial, 1)$ 的正态分布。

每个周期 Courier Agent（配送代理）的经营策略步骤如下。

（1）计算自身当前利润，判断是否盈利：根据前一周期制定的成交价格、以及本周期企业产量以及所有 Courier Agent（配送代理）总的产能来计算自身的利润。

（2）调整下一周期的产能。调整的依据是利润是否增加：本周期的利润不低于上一周期且大于0，快递企业就增加相应的产量；否则，就减少相应的产量。

4. E－retailing Agent（网商代理）

（1）根据上一周期末制定的零售价格、成交价格、本周期总的快递单量以及所有快递企业总的产能计算自身的利润。

（2）调整下一周期的快递单位批发价格。如果选择采用这种策略且本周期的利润不小于上一周期，E－retailing Agent（网商代理）就将成交价格提高；否则，电商就降低成交价格。成交价格不高于网商向消费者收取的零售费用，同时也不低于快递企业的单位成本价格。

（3）调整下一周期的零售价格。如果选择采用这种策略且本周期快递企业的利润不为 0，并能够使得本周期的利润大于上一周期，那么 E - retailing Agent（网商代理）将提高从消费者收取的费用。

四、模型实现

（一）程序实现与生成

FABLES 在 2008 年首次推出后，目前有多种版本，主要是适合不同的操作系统，本书采用的是适合于 x86 机器 Windows XP 操作系统的 Fables IME，最新版本可从官网 http：//mass. aitia. ai/index. php 上免费下载。①

本书将就实现过程记录如下。

如图 5 - 2 和图 5 - 3 所示，先建立 Fables Project，输入工程名后再进行 JAVA 的相关设置。

1. 主程序设计

建立 Fables Project 后，会产生 . fab 文件，其在主界面上自动生成主程序：

```
model Courier {
startUp {seed(1);
}
};
```

① AITIA International Inc. Tutorial fables implementation of game of life［Z］. Budapest，2008.

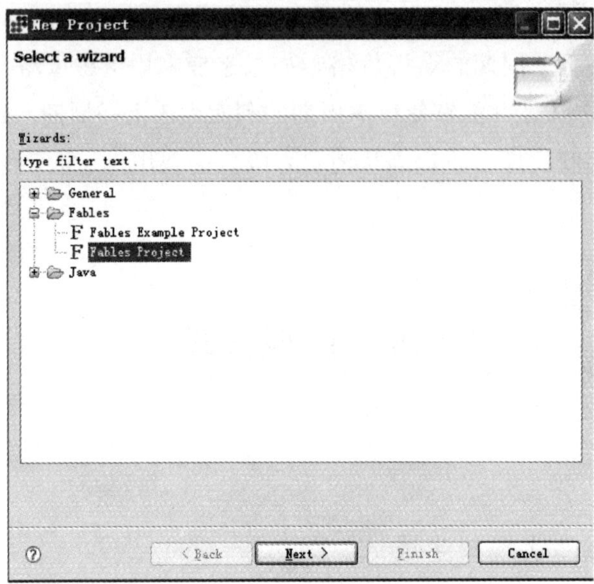

图 5－2　建立 Fables Project

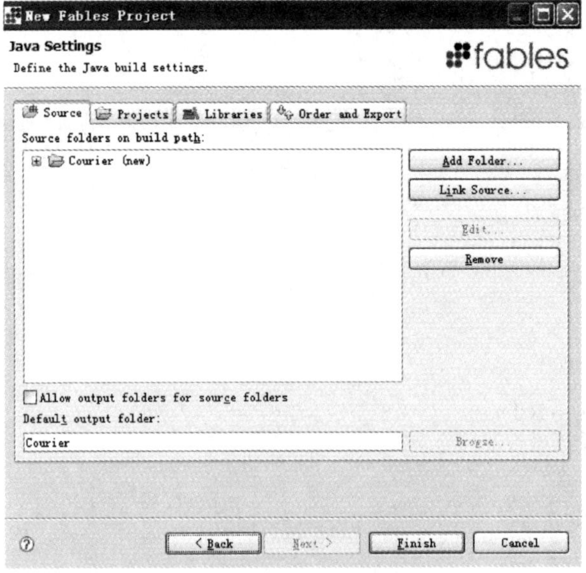

图 5－3　JAVA 相关设置

这个基本初始文件只包含最小的模型定义，是关于模型设计中主要的StarUp（初始化组件）、Schedule（调度组件）、Courier Agent（配送代理）和E－retailing Agent（网商代理）的具体变量及方法设置。

2. 输出图表

我们考察的是在平面上随着时间的推移，根据数学模型得到的各种代理的利润值等。也就是说，在完成主程序设计编译后，需要得到数理关系变化，单击“edit/create chart”后，出现如图5－4所示的选择时间序列图，进行下一步。

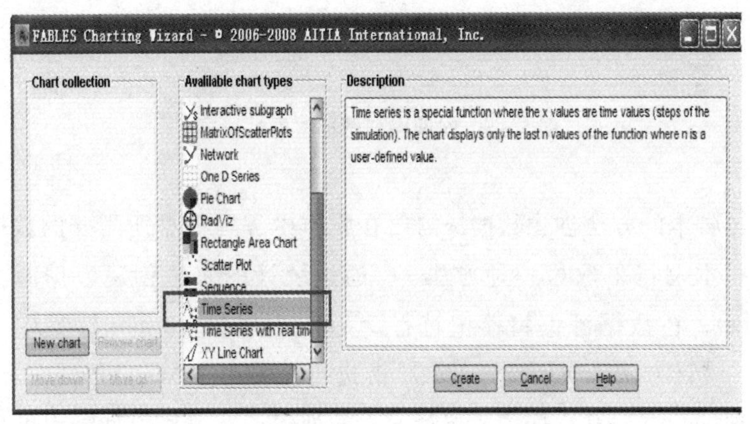

图5－4　图表制作时间序列图

进行完图5－4后，需要对输出的变量进行确认，这里我们选择4种来进行输出显示。图5－5所示的是选定变量的主标签属性设置，可以根据含义来命名显示的图形名称、网格颜色以及线条的大小等。根据原定的设计方案，我们需要观察4个指标，即Courier Agent的利润、E－retail Agent的利润、需求与产能、价格水平。

3. 创建数据源

在本程序设计中定义的变量数目是有限的，由于本软件采取非专业的语言结构，过多数目的变量往往会降低程序本身的稳定性和可靠性，更会引起数据关系的混乱而给仿真带来 bug。因此，FABLES 提供了一个稳定的数据源功能“Create data sources”，利用这个功能可以很方便地对程序运行中的数据进行提取和利用。

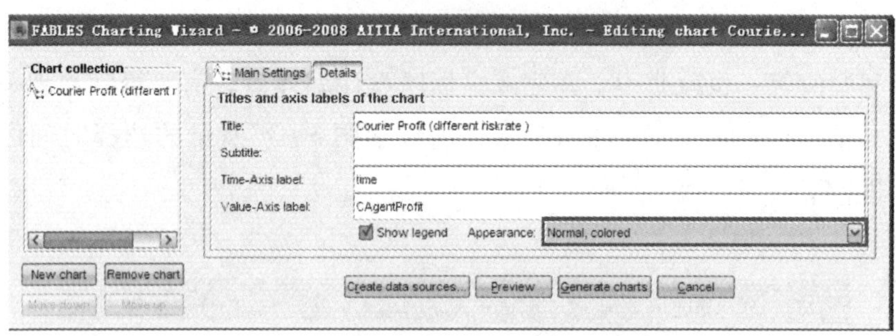

图 5-5　时间序列图标签属性设置

通过脚本的方法创建数据源需要在脚本中编写模型所需要的数据，颇为不便；本书将采取另一种方法——通过统计的方法创建数据源。如图 5-6 所示，在数据源编辑器中选择“Value”，在 Statistics 标签中，选中“Mean”统计方法；对所选择的数据源进行命名；从 Actual Parameters 中选择所需要的数据，并添加到所选择元素的列表中；最后设计输出可视化界面，点击“Generate Chars”如图 5-7 所示。

（二）仿真结果分析与讨论

1. Courier Agent 之间的竞争对模型系统的影响

我们有模型的假定，可是 Courier Agent（配送代理）之间的竞争是通过产量进行的。从其表达式来看，代理间是相互影响的，竞争者数量越多，竞争也越激烈。

在模型参数中，我们假定具有两种 Courier Agent：强风险偏好代理和弱风险偏好代理，同一组中两者数目相同。进行两组实验，每组实验所代理的数量不同。

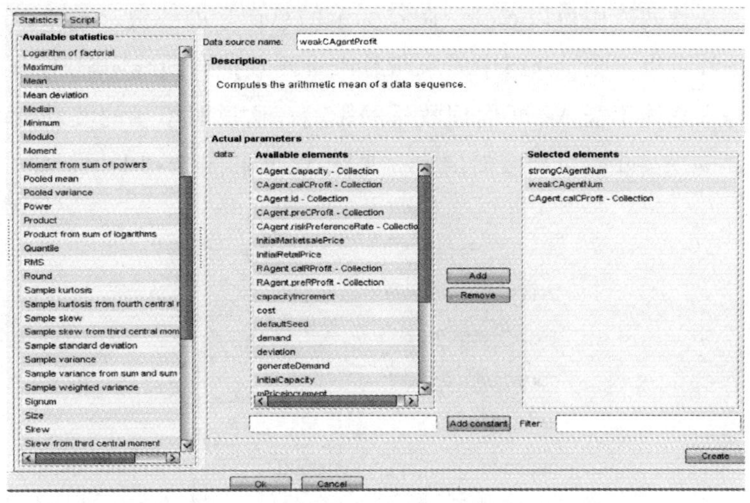

图 5－6　创建数据源

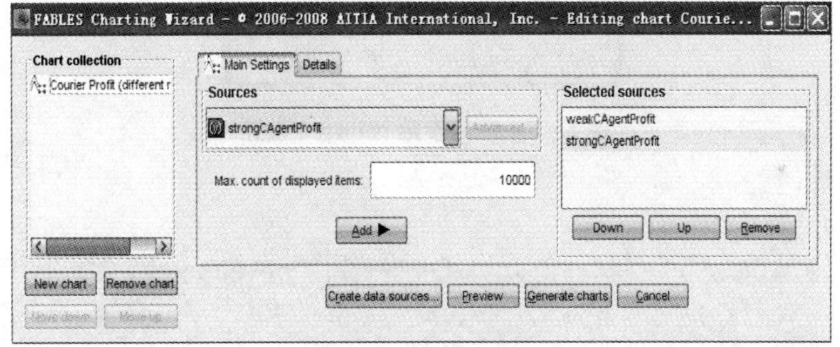

图 5－7　输出变量显示

如图 5－8 所示，A/B 两组中 Num 分别为 6 和 12。初始零售价格与成交价格分别为 9、8。在实验 1 中，我们设置网商代理未采取任何一种价格调整策略，通过建模仿真来分析快递代理的竞争对整个系统的影响。

得到如下结果。

（1）市场需求与总产量（产能）对比。从 A/B 两组的需求与总产量可以看出，随着 Courier Agent 代理数目的不同，需求与总产量有不同的变化趋势。从这两组中可以看到，圆点标示的总产量曲线波动越来越大；从两者的曲线可以看出，B 组中需求与总产量两条拟合曲线明显比 A 组的距离大。需求总体不受 Agent 代理数量的影响。这说明市场的波动随着快递代理 Courier Agent 数量增多而增大（见图 5－9 和图 5－10）。

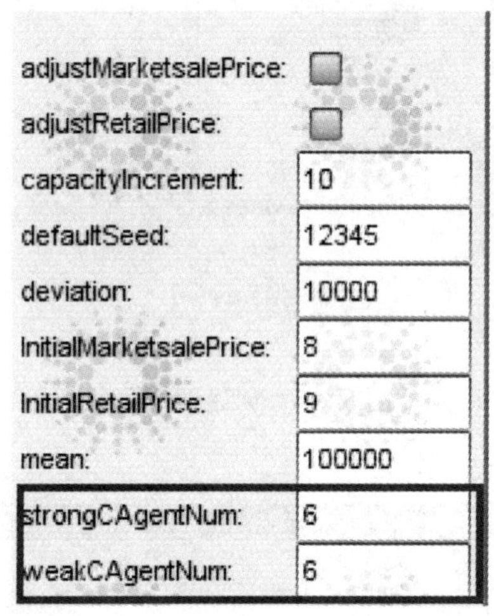

图 5－8　A 组参数 Num =6 设置

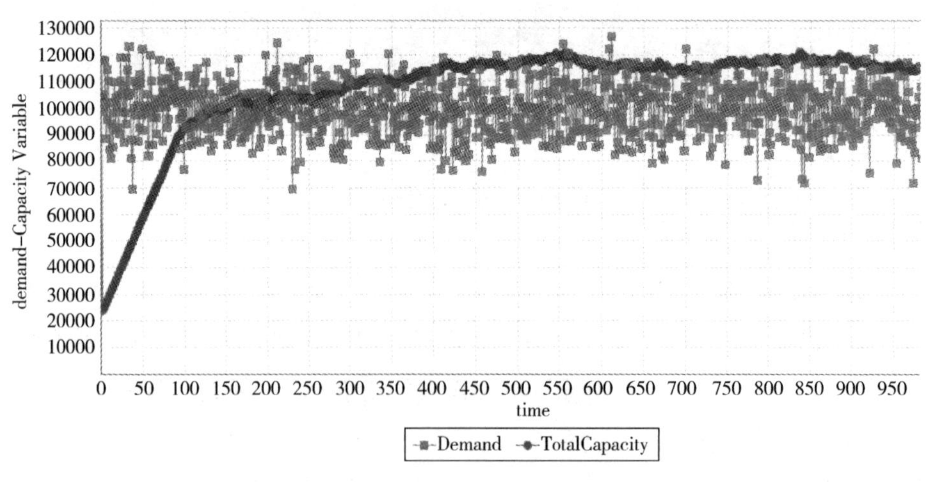

图 5－9　B 组需求与总产量

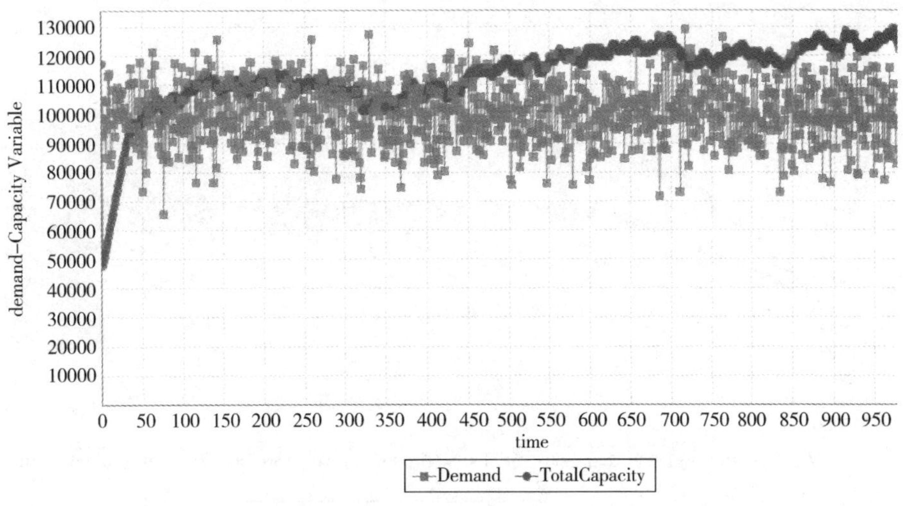

图 5－10　A 组需求与总产量

（2）代理间总利润对比。首先从利润曲线可以看出，代理 E－retailing Agent 达到利润值 100000 点时所耗用的时间越来越短，TimeA＝220，TimeB＝100；如果从数据来分析后半个时间段就会发现，所有 Courier 代理的平均利润总和 A 组数据大于 B 组数据，而网商代理的利润基本不变。这说明竞争越激烈，快递整个行业的平均利润就越低。从图 5－11 和图 5－12 不难发现，Courier 代理的利润点也越发离散。

（3）不同风险偏好 Agent 利润水平对比。从图 5－13、图 5－14 可以看出不同风险偏好的 Courier Agent 的利润波动趋势。强风险偏好的企业所得利润比弱风险偏好的利润高，风险偏好不同与企业的战略有关。结合现实网购市场，我国民营快递企业的风险偏好比国有、外资都要高，民营企业通过增加供给产量能够迅速发展壮大自己，其采取低成本、高产量的办法来扩大市场占有率，积累自身发展的资源。当然，这一方式也是以牺牲一定的质量来换取的。而国有与外资企业的战略重点定位于快递高端市场如国际快递等，对电商市场快递业务的重视不够，其风险偏好较民营企业较小。图 5－15 表明，网商并未采取价格策略。

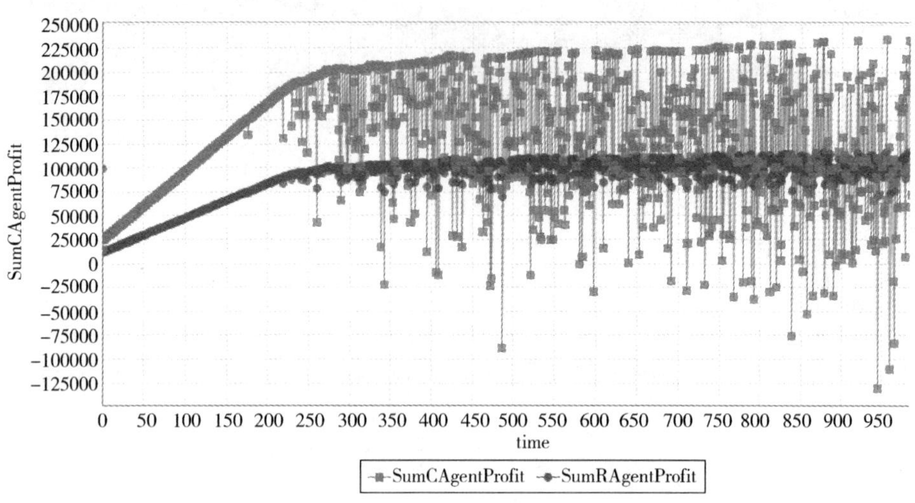

图 5-11　A 组网商和快递企业总利润

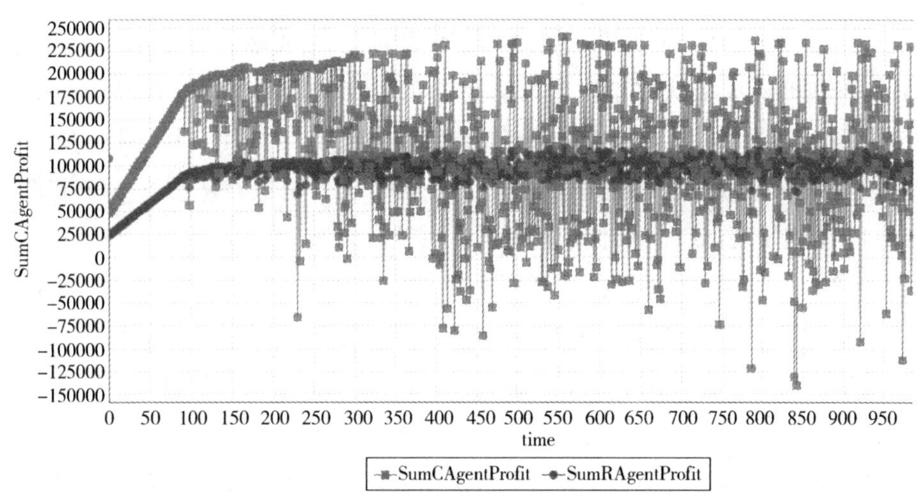

图 5-12　B 组网商和快递企业总利润

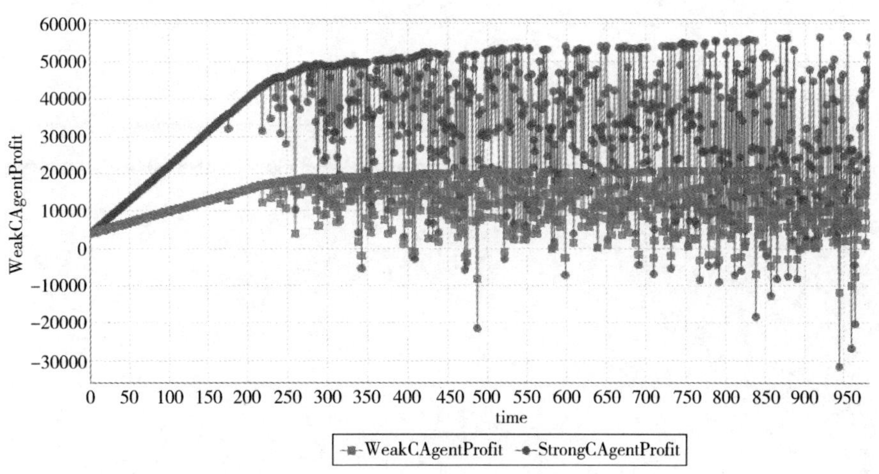

图 5-13　A 组不同风险偏好 Agent 利润水平

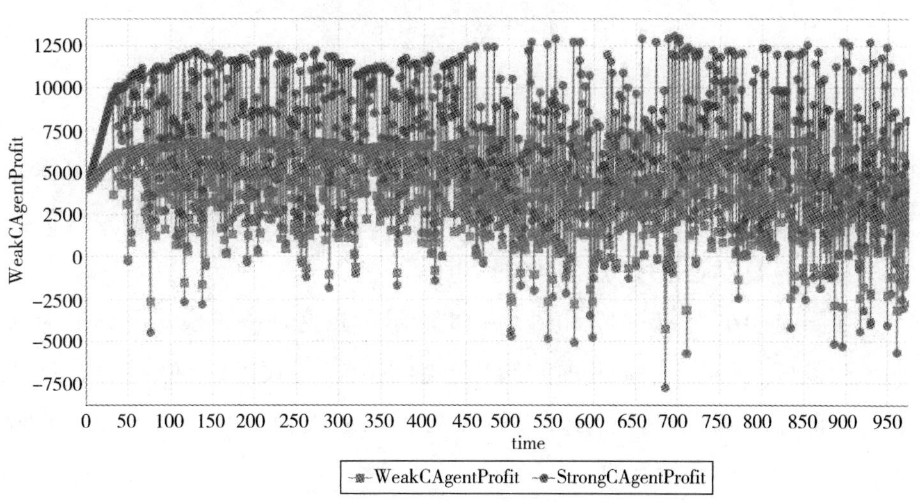

图 5-14　B 组不同风险偏好 Agent 利润水平

2. 分散决策下 E - retailing Agent 对模型系统的影响

在实验 1 中，网商并没有做出任何价格决策；在这个设计中，我们将允许各个代理按照模型设计中的决策方式来进行经营，双方都以利润最大化为目标。

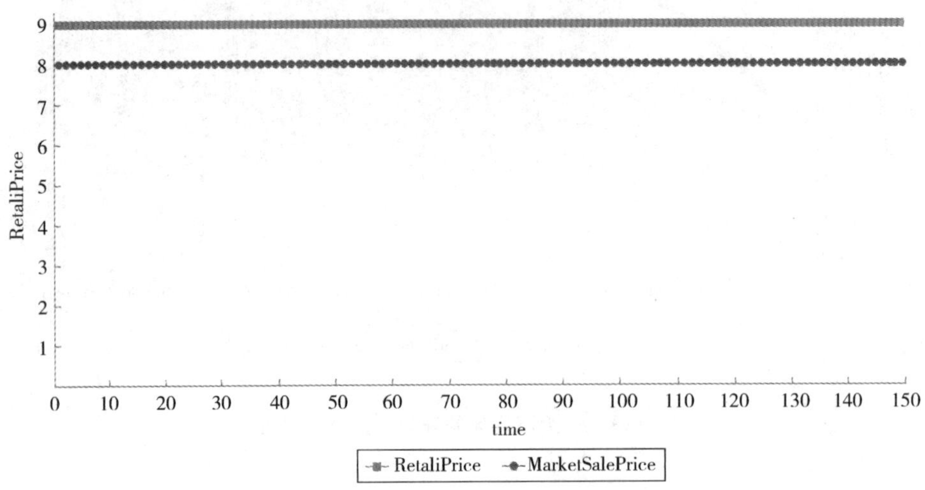

图 5-15　实验 1 网商的价格策略走势

这里我们设置 Courier Agent 数目与 B 组相同，即 Num = 12，这里称为 C 组。本组实验结果可以与 B 组结果进行对照。这里设置网商的零售价格增幅最大值 L 不能超过初始价格的 20%。

如图 5-16、图 5-17 和图 5-18 所示，在这种决策模式下，不论强弱风险偏好，Courier Agent 的利润都急剧下滑（对比 B 组的情况），且两者之间的差距减少许多。在不少周期内，快递代理都有利润为负数的情况，这在 B 组中是没有的。

由于 E-retailing Agent 网商代理以自身利润最大化为目标，可以看出，它的利润曲线上升很快，利润水平跟 B 组相比获得了很大的提升。再结合图 5-15 来看，这说明网商 E-retailing Agent 极大地挤压了 Courier Agent 的利润空间，较好地跟实际情况相符。

如图 5-16 所示，市场需求与产能相匹配，且与 B 组相比，几乎没有受决策的影响。原因在于本实验中假设快递需要与快递价格没有相关性。这反映了虽然以各自利益为最大化目标，但合作的基础还是达成网购交易流程。

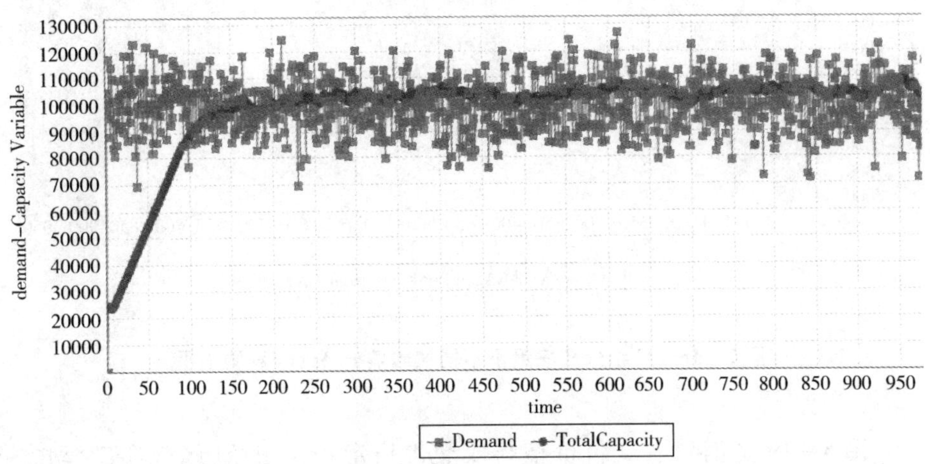

图 5-16　C 组分散决策下需求与总产量利润水平

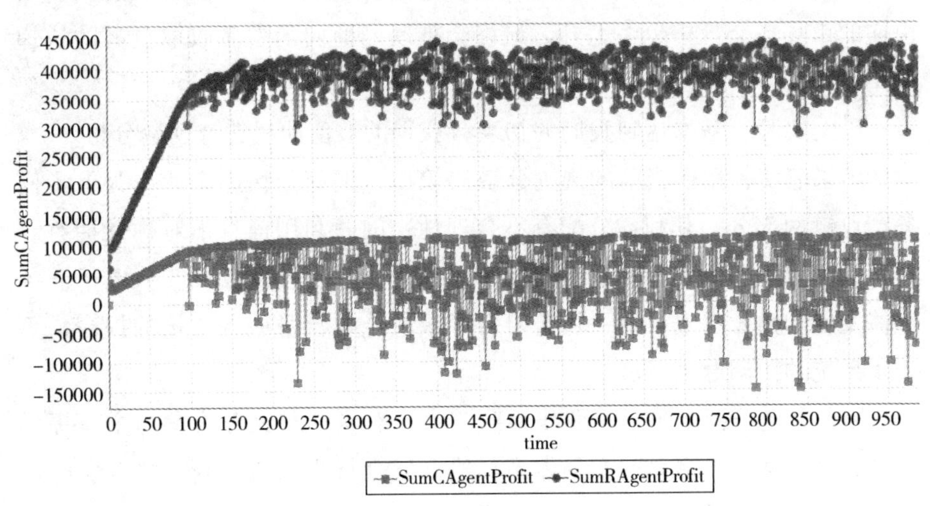

图 5-17　C 组网商与快递总利润比较

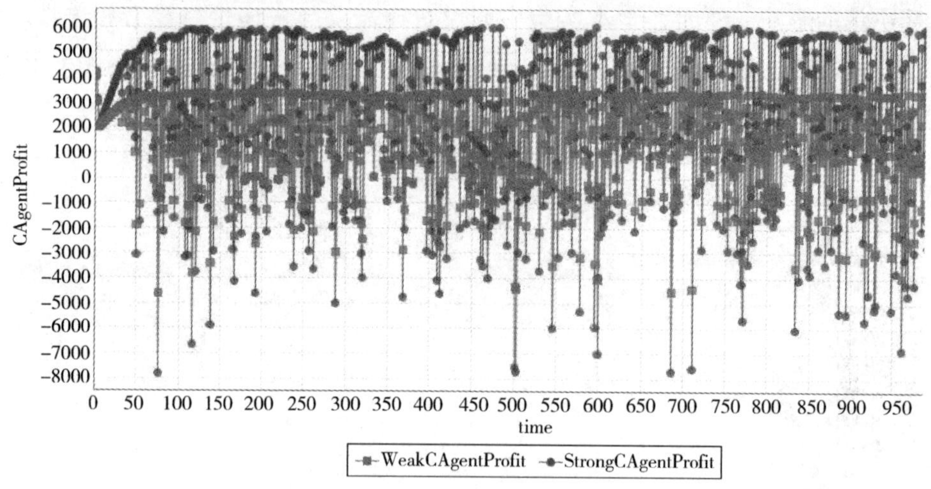

图 5－18　C 组分散决策下不同风险偏好 Agent 利润水平

图 5－19 是消费者支付价格与成交价格走势，在经历最初的变动之后，我们可以看到，市场呈现稳定的态势，分散决策的双方达到了此时的均衡状态。如果整个行业内快递企业的边际成本上升，那么可试想网商与快递的市场成交价格也将上升，最终会推动网商向消费者收取更高的快递费用。

以上实验，基本达到我们的初衷，获得的数值曲线符合理论分析。

结果表明，按照当前的规则分散决策下，网商与快递企业作为电子商务产业链两部分，其利益分配有不合理性：网商利用信息不对称及拥有客户资源赚取了相当一部分快递费用，不利于快递行业的发展。从电子商务整体发展的角度出发，这一行为阻碍了快递企业自身服务质量的提高，不利于系统的协调健康发展。

因此，电子商务平台企业作为第三方，有责任与义务为参与主体提供合理、公开透明、多赢的交易体系，建立健全行为约束机制，整合资源与各方协商解决利益分配问题。一是建立健全快递企业信用评价体系，使消费者有一定的快递服务自主权，对于所选企业的综合评价透明化，让消费者一定知情权。二是在前者基础之上建立快递服务价格体系，使交易费用透明化。三是建立合理的利益分配机制。核心就是服务责任的细化与确权，将网商的包装费、服务费与快递企业的快递费区分开来，使不论消费者还是网商都与快递企业权责利益一致，有章可循，同时也能约束网商的不正当行为。

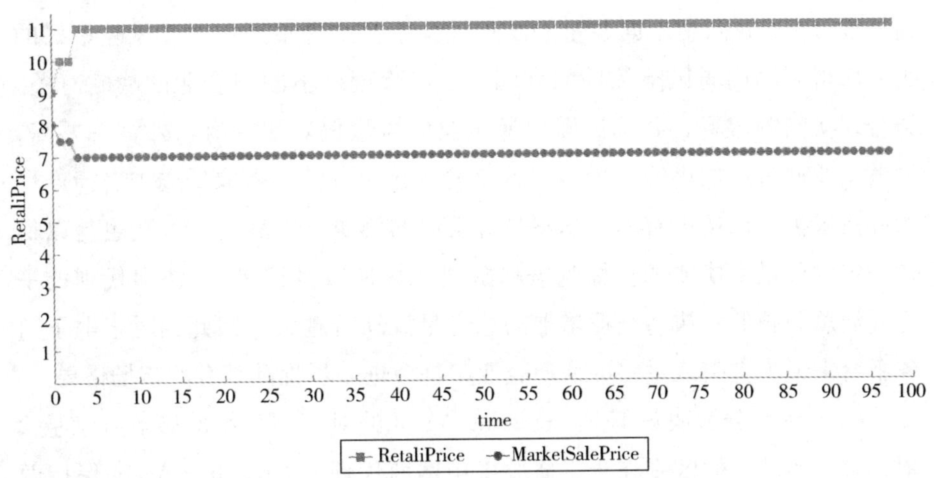

图 5-19 实验 2 分散决策下支付价格与成交价格走势

注：本实验仿真对变量采用无量纲单位：价格可理解为单位价格元；时间为仿真时间，仿真时间是实际事件过程用时。此仿真并非实时系统，执行时间与仿真时间并无关系。执行时间只与计算机计算能力和程序复杂程度有关。

五、本章小结

市场交易主体均以自身利益最大化为目标。首先分析了电子商务产业链中网商与快递企业发生利益冲突的原因，在两者交互关系基础上，建立基于代理方法的两阶段博弈模型。主要目的在于研究分散决策下异质快递企业的竞争对网商价格选择策略的影响。该模型中网商代理与快递代理分别以自身利益最大化来调整自己的行为决策：网商做出有利于自身的价格决策；异质快递代理根据市场的变化来调整自身的经营策略。本书选取FABLES多代理仿真建模软件，模型实现并仿真。

（1）在“Courier Agent之间的竞争对模型系统的影响”的实验1中，通过设置A、B两组不同数量的配送代理。我们观察到：①强风险偏好的企业所得利润比弱风险偏好的利润高，风险偏好不同与企业的战略有关。结合现实网购市场，我国民营快递企业的风险偏好比国有、外资都要高，民营企业通过增加供给产量能够迅速发展壮大自己，采取低成本、高产量的办法来扩大市场占有率，积累自身发展的资源。当然这一方式也是以牺牲一定的质量来换取的。②竞争越激烈（快递数目越多），快递代理的平均利润总和越低；快递企业增加的总产量波动就越大。因此，对于电子商务平台来说不宜引入过多的快递企业，这会进一步扰乱现有的市场格局。

（2）在“分散决策下E－retailing Agent的对模型系统的影响”实验2中，它与实验1的区别在于，实验1中网商代理E－retailing Agent保持两类初始价格不变；而实验2中网商代理与快递代理均以利益最大化为目标。

在这种模式下，不论强弱风险偏好的配送代理，其利润水平急剧下降，网商的利润水平得到极大的提升。实验的结果与设计初衷和实际情况相符。

通过这一模型我们可以看出，在交互的过程中，网商有较大的优势；作为电子商务运营者来说，有责任与义务为参与主体提供合理、公开透明、多赢的交易体系，整合资源与各方协商解决利益分配问题，考虑建立一种网商、消费者以及快递企业的多方协调制约机制，核心就是服务责任的细化与确权，将网商的包装费、服务费与快递企业的快递费区分开来，使不论消费者还是网商都与快递企业权责利益一致，有章可循，同时也能约束网商的不正当行为。

第六章

基于共生理论的快递业与电商合作竞争关系研究

一、电商与快递合作竞争关系概述

（一）合作竞争

随着网络信息技术的突飞猛进以及经济全球化联系的日趋紧密，企业的经营环境和运营模式已经发生天翻地覆的改变。企业间竞争的方式、方法、手段以及内容发生了重大变化，人们不仅单纯地关注企业间的“竞争”，而且合作竞争已经成为人们关注的热点。

企业从竞争走向合作的原因，交易费用理论的解释是，企业间的竞争对抗性与企业外部负效应呈正相关的关系，当对抗性增强时企业交易成本会加速上升，这直接影响企业的成长。科斯、张五常、杨小凯说明，全球经济分工和生产专业化水平促进了生产率的增长，也提高了市场竞争对抗性强度，交易费用的提高促使各要素之间的依赖性也显著增强。而 Richardson 认为，由于市场的不确定性和资产专用性的增强，在多样化契约的基础上企业间的互补性使合作成为现实。这种合作是在企业之间来完成的，它有效地降低了交易成本和生产成本，促进了技术与商业模式的更新，各种电子虚拟企业以及产业战略联盟的涌现就是从对抗性竞争转变为合作竞争的一种方式。

美国耶鲁大学教授 Nalebuff 和哈佛大学教授 Brandenburger 合著的《合作竞争》一书于 1996 年出版，它指出合作竞争综合发挥了竞争与合作的核心优点，突破了传统的合作以及竞争的法则。合作竞争从生态学的角度来看具备共生的特征属性。建立企业联盟展开合作竞争已经成为一种主要方式之一，它代表一种新的竞争单位，它对外表现出强烈的竞争意识，但是它的竞争力量源自成员公司间合作的动态动作。

Moore（1996）指出，现今产业界限的日趋融合迫使企业能够从整体生态系统的角度来确定自身所处系统内部的地位并做出相应的对策来生产对客户有价值的产品或服务。商业生态系统内部种群往往形成一个或者多个领导型企业，然后随着时间的变化，各组织成员在领导企业的指引下合作发挥各自的能力。领导型企业并非一成不变，它的主要功能就是使系统共同体成员朝着同一个目标来配置优化资源并且相互支撑。

企业种群生态系统内的各企业网络的合作竞争是由其系统的固有特性决定的，系统所具有的整体性、目的性、稳定性和适应性等特性决定了种群内企业之间必须进行合作竞争。企业之间和企业种群之间的合作与发展自动地调节着各相关企业的经营行为，实现着系统内部各企业之间的组织协同和企业生态平衡（郑秀峰，2008）。

企业间合作竞争的研究是企业竞争战略领域、供应链管理领域、产业经济学领域探讨的热点，诸多学者从不同角度对企业之间的相互作用关系都做过一定程度的研究。

Mirata 和 Tareq（2005）从竞合的视角探讨了组织间知识转移和分配。高长元和杜鹏（2010）基于价值网模型探讨了知识创新对高技术虚拟企业间合作竞争的影响，指出企业合作竞争对知识创新具有正反馈关系。曹如中等（2013）以思科公司为例讨论了在合作竞争环境下竞争情报战略联盟的重要意义，指出联盟扩展了企业合作空间边界并产生了新的价值源。

学者王雅林（2008）等从产业集群网络为出发点，对集群网络中企业间合作关系的稳定性进行了研究。鞠鹏（2012）应用博弈理论构建了移动互联网运营商和 SP 运营商之间竞合关系模型，确定了两者之间的收益最优分配比，最后以腾讯公司和中国移动为例进行了验证。

在合作竞争的建模方面，研究大多集中在供应链管理、企业利益分配、产业集群等方面，而很少见到关于电子商务产业链间这种合作竞争关系对生态产业链稳定性的影响研究。

（二）电商—快递合作竞争关系

电子商务规模的快速扩张为我国快递业提供了庞大的市场空间，而快递业的迅速成长反过来进一步提升了电子商务规模扩大的潜力。这两者是相辅相成的，形成了相互依存、相互支撑，同时业务合作又趋紧密的关系。2013 年，我国电子商务交易总额超过 10 万亿元，其中网络零售交易额 1. 85 万亿元，连续 5 年增速达到 80%。目前我国已经超越美国成为世界上最大的网络零售市场。在网购形成的 1. 85 万亿元市场规模中，有近 1 万亿元是来自快递的支撑和保障。在快递 92 亿件的业务量中，有超过 60% 是来自电子商务网购市场。

电商企业与快递企业分别是网购市场和快递市场的服务主体。两大服务领域的主体是一种相互支撑、共同发展的关系，或者说电商成就了快递，同时快递也成就了电商。正如国家邮政局的马军胜局长所讲的，快递如同是火，网购如同是风，火借风势，风助火威，两者相互作用、相互促进，网购和快递两大服务领域迅速地发展起来。

然而快递业与电商平台之间往往存在着多样性的关系。对于电商平台来说，整个产业链的完成需要快递来进行无缝隙的衔接，没有快递的配合，电商无法完成整个交易流程。随着这一流程，线下的配送服务也直接关系到平台自身的运营效益。对于快递产业来讲，电商是其发展的最大助推力，随着网购交易流程，快递业在很大程度上掌握物流、信息流。从产业发展的角度来说，快递企业掌握了商品流通的渠道，随着快递企业自身的发展，其有向上游进行产业扩张的本能。因此，在这一产业链条中，电商与快递既有合作又有竞争。为了始终站在电商产业的顶端，电商运营者无论是阿里还是京东纷纷涉足物流，建立自己的仓储调配中心，甚至如京东建立自身的快递物流配送体系。而借助电商发展起来的民营快递企业一方面做好自身的业务，另一方面也在积极探索建立小而专有特色的电商平台，如顺丰优选等。电商和快递的跨界日趋明显。在两者的关系中，电商处于相对强势的地位。但某种程度上，线下的快递服务决定线上销售的最终效果。电商一旦因快递出问题而影响用户体验，则可能面临退货和用户流失的后果。在网购持续发展的情形下，如何使电商与快递协同发展，重构良性的竞争合作关系，是快递业面临的重要课题。

从生态学角度讲，电子商务平台运营商和快递企业是电子商务生态系统的两个不可或缺的种群。其中平台运营商在系统中发挥着骨干作用，是核心要素，在子系统中处于领导者地位，其构成电子商务完整产业链的关键环节。快递企业则完成整个系统资源流中物流、信息流等关键环节，直接关系着整个系统存在信用质量。从整个电子商务产业链的构成和运作机制来看，各个种群都是相对独立的经济实体，其合作企业种群均在追求自身利益最大化的基础上实现产业链的合作。从供应链的角度看，电子商务生态系统是一种形式特殊的供应链运营体系。它包含的范围更宽泛，是一个更加具有网络组织结构特征的复杂系统，具有稳定性、创新性、目的性和适应性等特点。系统内各个种群之间与系统整体及其种群内部的关系表现为既合作又竞争，且合作与竞争的关系与其自身在电子商务产业链中的优势地位、决策定位、合作机制以及相互之间的博弈竞争过程等紧密相关，由此表现出不同状态、不同水平以及层级的合作竞争关系。我国快递产业的发展特别是民营快递企业的蓬勃发展，电子商务是最大推力。但快递与电商又绝不仅仅是合作的关系，因此研究快递业演进的动力机制就显得十分必要。本章将借助共生理论来探讨快递业发展演进的规律。

二、基于Volterra模型的快递业与电商竞争合作关系研究

资源持有者的互补特性决定着电子商务生态系统企业种群间必然是一种合作竞争的共生关系。也就是说，种群与种群间在生态系统中是以相互依存为特征的合作竞争关系。显然，电商与快递企业之间是互惠型共生关系。下面将从共生的角度构建互惠与竞争模型来研究快递企业快速发展的本质，探求电商对快递企业的发展起的推动作用，并做分析。

“共生”由德国真菌学家 Anton De Bary 在 1879 年提出，他认为，共生即合作。生物学上，即是多种（两种及两种以上）生物按照一定的模式和机制共同生存、协同进化；在产业分析上可以理解为单个企业的生存与发展受其他企业、产业环境、区域经济、政策环境的影响，而该企业的发展同样影响着其他企业的发展，进而其他企业发生适应性的变化（唐强荣、徐学军，2008）。

依据共生理论，快递与电商是共生单元。从共生组织模式来看现阶段属于连续共生，电商企业与快递企业之间合作过程连续且具有长期性和稳定性的特征；从共生行为模式来看属于互惠共生，快递企业和电商企业之间有新能量的产生，且所产生的新能量在共生单元之间进行分配，存在双方甚至多方的利益交流机制。而共生环境就是整个电子商务生态系统环境以及外部环境。

电子商务生态系统与自然界中的生态系统相类似，是一个错综复杂的动态系统，其间各种群的个体有各自的生活需求和习性，而不同种群的个体之间又存在着微妙的联系。不难看出，要研究种群数量的变化情况，一个较为简单而直接的办法就是建立多房室系统模型。美国生态学家 Lotka（1921）研究化学反应和意大利数学家 Volterra（1923）研究鱼类竞争时提

出生物数学经典模型 Lotka - Volterra 系统，模型描述了生物种群数量变化受本身群体增长规律制约和其他物种群体影响的演变规律。

这两个模型近年来被部分学者使用于管理领域，包括对 ICT 行业、产业（企业）创新系统、企业间合作中的相互合作竞争关系进行了自组织演化方程建模。其中，部分学者综合考虑了合作与竞争对系统的影响。在电信产业的研究中，陈飞（2009）分析了电信产业系统的自组织特性，从定性的角度分析了电信企业、产业链、产业系统三个层次的协作竞争关系，并基于协同学以“移动通信业务收入”“移动通信业固定投资”等5个状态变量对中国移动通信产业系统进行了研究。

还有部分国内学者将种群合作竞争方面的研究方法应用到企业股东治理、微博舆情应对等领域。王闽（2013）基于 Lotka - Volterra 竞争生态模型，研究分析了股东极限值与内禀增长率。兰月新和曾润喜（2013）研究了意见领袖和网络推手的竞争模型及模型平衡点的稳定性。

（一）非对称互惠模式下快递与电商共生模型

如前所述，作为电子商务生态系统中的两大关键种群——快递物流企业和电商主导运营商存在着相互依存而互惠共生关系，彼此之间相互促进而共同发展繁荣。但这一生态系统多数情况下实际上往往是由大型的电商运营者主导，比如淘宝和京东模式。其他为此服务的快递配送企业虽具有相对优势，但因为资金、技术、市场准入门槛等因素与这些大型电商运营者实力相差悬殊。那么在这样的合作中，快递企业可以通过利用自身的相对优势与主导运营商展开合作竞争，并取得收益。

在快递—电商非对称互惠共生关系中，我们做出必要的定义说明：处于绝对主导地位的大电商企业为企业 a，处于次要地位的快递企业为企业 b；相应地，企业 a 的产出规模是x_1，企业 b 的产出规模为x_2，企业 a 的自然增长率为r_1，企业 b 的自然增长率为r_2，K_1、K_2表示在这个行业或者区域内、在一段时间内、在一定的资源约束情况下两个企业产出的极限水平。

1. 模型建立

（1）自然增长模型。假设电商企业 a 独立运作时，将按照增长率为r_1的指数率增长。根据 Logistic 规律，有：

$$\frac{\mathrm{d}\,x_1(t)}{\mathrm{d}t}=r_1x_1\left(1-\frac{x_1}{K_1}\right) \tag{6-1}$$

但是，对于物流快递企业 b 来讲，企业的产出规模模型与式（6－1）不同。由于主导地位不同，会有许多与企业 b 类似的企业依靠企业 a 存在。所以，企业 b 的自然增长率为负数。根据快递企业和电商之间的产业生态关联性有：

$$\frac{\mathrm{d}\,x_2(t)}{\mathrm{d}t}=r_2x_2\left(-1-\frac{x_2}{K_2}\right) \tag{6-2}$$

式（6－2）表明，快递企业 2 对电商企业 1 有明显的依赖作用，其业务量在 t 时间的变化率在没有主导企业 1 存在的初始阶段为负增长。这个模式公式表明企业 b 的自然增长率会随着外在资源的消耗以及产出的增加而逐步降低，甚至为 0。

（2）合作关系模型假设。就合作关系而言，我们可以简单地定义其为协同关系。在这种关系中，上游企业利益的扩大，实际上就相当于下游企业利益的扩大。我们假设σ_1，σ_2（$\sigma_1>0$，$\sigma_2>0$）分别为企业 2、企业 1 对彼此增长的共生系数。其中，σ 是企业在自然市场规模饱和的情况下对另一共生企业产量的贡献。其正负号说明企业 a 与企业 b 因合作而提高的业务量变化率与两者产出水平x_1、x_2是正比例关系。因此，企业 a、企业 b 的共生新的产出规模随时间的变化率描述为：

$$\frac{\mathrm{d}\,x_1(t)}{\mathrm{d}t}=r_1x_1\frac{\sigma_1x_2}{K_2} \tag{6-3}$$

$$\frac{\mathrm{d}\,x_2(t)}{\mathrm{d}t}=r_2x_2\frac{\sigma_2x_1}{K_1} \tag{6-4}$$

（3）非对称互惠共生模型。将上述式子联立，得到 Lotka－Volterra 互惠模型：

$$\begin{cases}\dfrac{\mathrm{d}\,x_1(t)}{\mathrm{d}t}=r_1x_1\left(1-\dfrac{x_1}{K_1}+\dfrac{\sigma_2x_2}{K_2}\right)\\[2ex]\dfrac{\mathrm{d}\,x_2(t)}{\mathrm{d}t}=r_2x_2\left(-1-\dfrac{x_2}{K_2}+\dfrac{\sigma_1x_1}{K_1}\right)\end{cases}\tag{6-5}$$

式（6－5）反映在互惠共生模式下快递企业与电商企业相互共生依存的关系。我们看到引入企业 a 后，企业 b 与企业 a 共生互惠，获得了新的增长动力源。因此，无论是电商企业 a 还是快递企业 b，都从对方身上获得了新的产出贡献。

2. 模型分析

解方程组：

$$\begin{cases}f(x_1,\ x_2)=r_1x_1\left(1-\dfrac{x_1}{K_1}+\dfrac{\sigma_2x_2}{K_2}\right)=0\\[2ex]f(x_1,\ x_2)=r_2x_2\left(-1-\dfrac{x_2}{K_2}+\dfrac{\sigma_1x_1}{K_1}\right)=0\end{cases}\tag{6-6}$$

（1）平衡稳定点的解。对式（6－6）进行微分求解，得平衡点：

$$P_1(K_1,\ 0),\ P_2(0,\ K_2),\ P_3(0,\ 0),\ P_4\left[\frac{K_1(1-\sigma_2)}{1-\sigma_1\sigma_2},\ \frac{K_2(-1+\sigma_1)}{1-\sigma_1\sigma_2}\right]\tag{6-7}$$

对于$P_1(K_1,\ 0)$，$P_2(0,\ K_2)$，$P_3(0,\ 0)$这三个点来说，P_1是指电商企业 a 靠自身的发展已经达到产出规模极限值，而快递企业 b 产量为 0，企业共生不存在；点P_2表明快递企业 b 产出规模达到自身极限值，而电商企业 a 产量为 0，两者互惠共生仍然不存在；而点P_3说明双方没有产出，企业间共生更不可能存在。因此这三个点都是无效解，没有任何意义。

现在对于平衡点P_4来说，其含义说明企业 a 与企业 b 的产出水平达到了均衡。点P_4必在第一象限才有意义，因此，其成立应满足：

$$\begin{cases}\dfrac{K_1(1-\sigma_2)}{1-\sigma_1\sigma_2}>0\\[2ex]\dfrac{K_2(-1+\sigma_1)}{1-\sigma_1\sigma_2}>0\end{cases}\tag{6-8}$$

解得的平衡点需满足不等式$0<\sigma_2<1$，$\sigma_1>1$，$0<\sigma_1\sigma_2<1$（由前提假设，故舍去另一求解条件$0<\sigma_1<1$，$\sigma_2>1$，$\sigma_1\sigma_2>1$）。

（2）稳定性分析。对式（6－6）在平衡点P_4（x_1^*，x_2^*）处进行泰勒求导，可得到：

$$\begin{cases} f(\dot{x}_1)_{P_4}=r_1\left(1-\dfrac{2x_1}{K_1}+\dfrac{\sigma_2 x_2}{K_2}\right)(x_1-x_1^*)+\dfrac{r_1x_1\sigma_2}{K_2}(x_2-x_2^*) \\ f(\dot{x}_2)_{P_4}=\dfrac{r_2x_2\sigma_1}{K_1}(x_1-x_1^*)+r_2\left(1-\dfrac{2x_2}{K_2}+\dfrac{\sigma_1x_1}{K_1}\right)(x_2-x_2^*) \end{cases} \tag{6-9}$$

其系数矩阵为：

$$A=\begin{bmatrix} r_1\left(1-\dfrac{2x_1}{K_1}+\dfrac{\sigma_2x_2}{K_2}\right) & \dfrac{r_1x_1\sigma_2}{K_2} \\ \dfrac{r_2x_2\sigma_1}{K_1} & r_2\left(1-\dfrac{2x_2}{K_2}+\dfrac{\sigma_1x_1}{K_1}\right) \end{bmatrix} \tag{6-10}$$

其行列式$|A|\neq0$，则方程组的特征方程为$|A-\lambda I|=0$，即可求得：

$$\lambda_1=-\left[r_1\left(1-\frac{2x_1}{K_1}+\frac{\sigma_2x_2}{K_2}\right)+r_2\left(1-\frac{2x_2}{K_2}+\frac{\sigma_1x_1}{K_1}\right)\right],\ \lambda_2=|A| \tag{6-11}$$

当且仅当特征根$\lambda_1>0$，$\lambda_2>0$时，平衡点稳定。

讨论线性方程组：

$$\begin{cases} \varphi(x_1,\ x_2)=1-\dfrac{x_1}{K_1}+\dfrac{\sigma_2x_2}{K_2} \\ \psi(x_1,\ x_2)=-1-\dfrac{x_2}{K_2}+\dfrac{\sigma_1x_1}{K_1} \end{cases} \tag{6-12}$$

在满足平衡条件时，直线$\varphi(x_1,\ x_2)=0$，$\psi(x_1,\ x_2)=0$在相平面上的位置，如图6－1所示。两条直线φ、ψ将整个平面分成四个区域，无论轨迹从第一象限的哪一区域出发，当t趋于无穷时，均能到达平衡点$P_4\left[\dfrac{K_1(1-\sigma_2)}{1-\sigma_1\sigma_2},\ \dfrac{K_2(-1+\sigma_1)}{1-\sigma_1\sigma_2}\right]$。

（3）快递—电商共生稳定平衡解的含义及其仿真。根据平衡点矩阵系数A的特征值，验证了平衡稳定解需要满足的条件范围为：$\sigma_1>1$，$0<$

$\sigma_2<1$，$0<\sigma_1\sigma_2<1$。这三个不等式代表的含义如下。

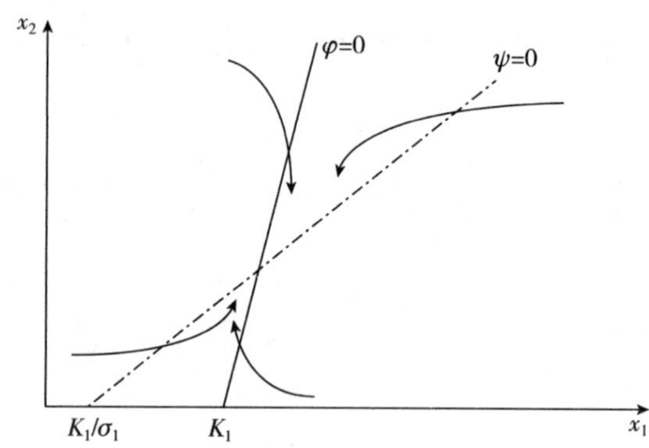

图 6－1　非对称互惠模型的平衡稳定相面分析

$\sigma_1>1$，表示处于主导地位的电商企业 a 对快递企业 b 的产出规模相对比较大，快递企业 b 从企业 a 所获得的收益大于其自身的产出规模增长。

$0<\sigma_2<1$，这个不等于的含义说明快递企业 b 对电商企业 a 的产出规模贡献相对比较小。

$0<\sigma_1\sigma_2<1$，这个不等于含义表明企业 a 与企业 b 之间的不对称性，说明企业 a 本身的规模已经很大，而企业 b 的规模相对企业 a 来说很小。事实上，也很好地说明了当前一些具有市场主要地位的电商如淘宝与京东的规模，都不是单独一家快递企业所能比较的。领头大企业对于小快递公司所带来的贡献远远大于小企业给领头企业所带来的贡献。

得到共生稳定解的条件后，我们将对所建立的快递与电商企业非对称互惠模型进行仿真，验证此共生模型中快递与电商两者之间的产出水平演化规律。仿真软件选取 Matlab2010。

为方便起见，这里我们假设：$r_1=1$；$r_2=0.5$；$K_1=1000$；$K_2=500$。这 4 个数值为常数（对称互惠模型设置与如此相同）。如图 6－2 所示，当 $\sigma_1=3$，$\sigma_2=0.3$ 时，电商企业x_1与快递企业x_2产出水平变化规律如下。这条曲线的变化规律不取决σ_1、σ_2的取值（但必须满足均衡解条件）。曲线表明当达到“拐点”时，快递企业会迅速地从电商企业 a 所获得巨大的收益。在满足条件的情况下，σ_1越大，曲线的斜率越高。仿真的结果与理论推导相一致。

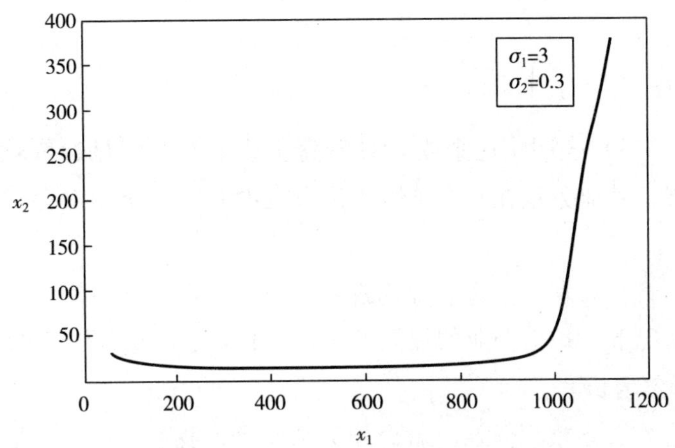

图 6－2　非对称互惠模型仿真图

（二）对称互惠模式下快递与电商共生模型

在实际生活中，除了京东和淘宝电商运营者外，还有一些中小型的电商运营者。那么这些电商企业与快递企业彼此之间大小能力规模相差不大，谁都没有达到主导市场的地步。那么在这样的合作中，快递企业可以通过利用自身的相对优势与主导运营商展开合作竞争，并取得相应的收益。那么对称互惠模型与非对称互惠模型的差别在哪里呢?

其中，处于对等的电商企业为企业 a，处于次要地位的快递企业为企业 b；相应地，企业 a 的产出规模是x_1，企业 b 的产出规模为x_2，企业 a 的自然增长率为r_1，企业 b 的自然增长率为r_2，K_1、K_2表示在这个行业或者区域内，在一段时间内，在一定的资源约束情况下的极限产出。

1. 模型建立

（1）自然增长模型。假设电商企业 1 独立运作时，将按照增长率为r_1

的指数率增长。根据 Logistic 规律，有：

$$\frac{\mathrm{d}x_1}{\mathrm{d}t}=r_1x_1\left(1-\frac{x_1}{K_1}\right) \tag{6-13}$$

同样，对于快递企业 2 来讲，根据快递企业和电商之间的产业生态关联性有：

$$\frac{\mathrm{d}x_2}{\mathrm{d}t}=r_2x_2\left(1-\frac{x_2}{K_2}\right) \tag{6-14}$$

式（6－14）表明快递企业 2 对电商企业 1 没有明显的依赖作用，能够自身发展，其业务量在 t 时间的变化率在没有主导企业 1 存在的初始阶段为正。

其中，K_1，K_2表示在这个行业或者区域内、在一段时间内，在一定的资源约束情况下，每个企业的极限产出水平；x_i为企业 i 的产出水平；r_i为企业 i 的自然增长率。

（2）合作关系模型假设。就合作关系而言，我们可以简单地定义其为协同关系。在这种关系中，上游企业利益的扩大，实际上就相当于下游企业利益的扩大。我们假设σ_1，σ_2（$\sigma_1>0$，$\sigma_2>0$）分别为企业 2、企业 1 对彼此增长的共生系数。其中，σ 是指企业在自然市场规模饱和的情况下对另一共生企业产量的贡献。其正负号说明企业 a 与企业 b 因合作而提高的业务量变化率与两者产出水平x_1、x_2是正比例关系。因此，企业 a、企业 b 的共生新的产出规模随时间的变化率描述为：

$$\frac{\mathrm{d}x_1}{\mathrm{d}t}=r_1x_1\frac{\sigma_1x_2}{K_2} \tag{6-15}$$

$$\frac{\mathrm{d}x_2}{\mathrm{d}t}=r_2x_2\frac{\sigma_2x_1}{K_1} \tag{6-16}$$

（3）对称互惠共生模型。将上述式子联立，得到 Lotka－Volterra 互惠模型：

$$\begin{cases}\dfrac{\mathrm{d}x_1}{\mathrm{d}t}=r_1x_1\left(1-\dfrac{x_1}{K_1}+\dfrac{\sigma_2x_2}{K_2}\right)\\[2ex]\dfrac{\mathrm{d}x_2}{\mathrm{d}t}=r_2x_2\left(1-\dfrac{x_2}{K_2}+\dfrac{\sigma_1x_1}{K_1}\right)\end{cases} \tag{6-17}$$

式（6－17）反映在互惠模式下快递企业与电商企业相互共生依存的关系。我们看到引入企业 a 后，企业 b 与企业 a 共生互惠，获得了新的增长动力源。因此，无论是电商企业 a 还是快递企业 b，都从对方身上获得了新的产出贡献。

2. 模型分析

解方程组：

$$\begin{cases} f(x_1, x_2) = r_1x_1\left(1 - \dfrac{x_1}{K_1} + \dfrac{\sigma_2 x_2}{K_2}\right) = 0 \\ f(x_1, x_2) = r_2x_2\left(1 - \dfrac{x_2}{K_2} + \dfrac{\sigma_1 x_1}{K_1}\right) = 0 \end{cases} \tag{6-18}$$

（1）平衡稳定点的解。对式（6－6）进行微分求解，得到平衡点：

$$P_1(K_1, 0), P_2(0, K_2), P_3(0, 0), P_4\left[\frac{K_1(1+\sigma_1)}{1-\sigma_1\sigma_2}, \frac{K_2(1+\sigma_2)}{1-\sigma_1\sigma_2}\right] \tag{6-19}$$

对于$P_1(K_1, 0)$，$P_2(0, K_2)$，$P_3(0, 0)$这三个点来说，P_1是指电商企业 a 靠自身的发展已经达到产出规模极限值，而快递企业 b 产量为 0，企业共生不存在；点P_2表明快递企业 b 产出规模达到自身极限值，而电商企业 a 产量为 0，两者互惠共生仍然不存在；而点P_3说明双方没有产出，企业间共生更不可能存在。因此这三个点都是无效解，没有任何意义。

现在对于平衡点P_4来说，其含义说明企业 a 与企业 b 的产出水平达到了均衡。点P_4必在第一象限才有意义，因此，其成立应满足：

$$\begin{cases} \dfrac{K_1(1+\sigma_1)}{1-\sigma_1\sigma_2} > 0 \\ \dfrac{K_2(1+\sigma_2)}{1-\sigma_1\sigma_2} > 0 \end{cases} \tag{6-20}$$

求得$\sigma_1\sigma_2 < 1$。

（2）稳定性分析。对式（6－16）在平衡点P_4（x_1^*，x_2^*）处进行泰勒求导，可得到：

$$\begin{cases} f(\dot{x_1})_{P_4} = r_1\left(1 - \frac{2x_1}{K_1} + \frac{\sigma_2 x_2}{K_2}\right)(x_1 - x_1^*) + \frac{r_1 x_1 \sigma_2}{K_2}(x_2 - x_2^*) \\ f(\dot{x_2})_{P_4} = \frac{r_2 x_2 \sigma_1}{K_1}(x_1 - x_1^*) + r_2\left(1 - \frac{2x_2}{K_2} + \frac{\sigma_1 x_1}{K_1}\right)(x_2 - x_2^*) \end{cases} \quad (6-21)$$

其系数矩阵为：

$$A = \begin{bmatrix} r_1\left(1 - \frac{2x_1}{K_1} + \frac{\sigma_2 x_2}{K_2}\right) & \frac{r_1 x_1 \sigma_2}{K_2} \\ \frac{r_2 x_2 \sigma_1}{K_1} & r_2\left(1 - \frac{2x_2}{K_2} + \frac{\sigma_1 x_1}{K_1}\right) \end{bmatrix} \quad (6-22)$$

其行列式$|A| \neq 0$，则方程组的特征方程为$|A - \lambda I| = 0$，即可求得：

$$\lambda_1 = -\left[r_1\left(1 - \frac{2x_1}{K_1} + \frac{\sigma_2 x_2}{K_2}\right) + r_2\left(1 - \frac{2x_2}{K_2} + \frac{\sigma_1 x_1}{K_1}\right)\right],\ \lambda_2 = |A| \quad (6-23)$$

当且仅当特征根$\lambda_1 > 0$，$\lambda_2 > 0$时，平衡点稳定。根据微分方程稳定点的判定方法，可得$0 < \sigma_1\sigma_2 < 1$，即$0 < \sigma_1 < 1$，$0 < \sigma_2 < 1$。

讨论线性方程组：

$$\begin{cases} \varphi(x_1,\ x_2) = 1 - \frac{x_1}{K_1} + \frac{\sigma_2 x_2}{K_2} \\ \psi(x_1,\ x_2) = 1 - \frac{x_2}{K_2} + \frac{\sigma_1 x_1}{K_1} \end{cases} \quad (6-24)$$

在满足平衡条件时，直线$\varphi(x_1,\ x_2) = 0$，$\psi(x_1、x_2) = 0$在相平面上的位置如图6-3所示。两条直线φ，ψ将整个平面分成四个区域，无论轨迹从第一象限的任何一区域出发，当t趋于无穷时，均能到达平衡点$P_4\left[\frac{K_1(1+\sigma_1)}{1-\sigma_1\sigma_2},\ \frac{K_2(1+\sigma_2)}{1-\sigma_1\sigma_2}\right]$。

（3）快递—电商共生稳定平衡解的含义。根据平衡点矩阵系数A的特征值，验证了平衡稳定解需要满足的条件范围为：$0 < \sigma_1 < 1$，$0 < \sigma_2 < 1$。这不等式代表的含义如下。

这两个不等式表示在对称互惠关系中，两个企业对对方产量的贡献相对有限，彼此相互制约。这种共生模式具有对称性的利益分配机制，共同发展，是最具公平性的，也最稳定的共生状态。实际上，除了淘宝和京东等大电商平台以外，还有其他众多中小型电商平台，比如我买网、亚马逊等。由于企业数目较多，单个电商企业获得总的收益还是很大的。同样，对于快递公司也是如此。在这种对称互惠共生模型中，企业 a、企业 b 对对方的产出贡献主要是由于相互之间的信息贡献、技术对接以及良好的产业对接性。

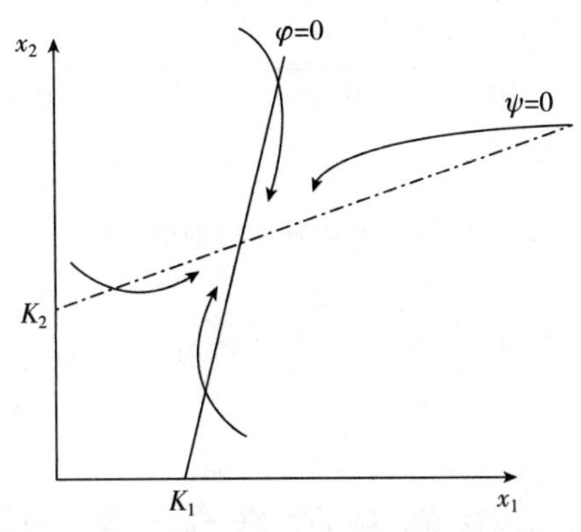

图 6－3　对称互惠模型的平衡稳定相面分析

得到共生稳定解的条件后，我们将对所建立的快递与电商企业对称互惠模型进行仿真，验证此共生模型中快递与电商两者之间的产出水平演化规律。

为方便起见，这里我们假设：$r_1=1$；$r_2=0.5$；$K_1=1000$；$K_2=500$；这 4 个数值为常数（非对称互惠模型设置与此相同）。如图 6－4 所示，当 $\sigma_1=0.6$，$\sigma_2=0.5$ 时，电商企业 x_1 与快递企业 x_2 产出水平变化规律。这条曲线的变化规律不取决 σ_1、σ_2 的取值（但必须满足均衡解条件）。我们可以看到图 6－4 的曲线与图 6－2 的曲线明显不同，在于此曲线斜率变化近似呈线性，因为是对称互惠，所以仿真的结果与理论推导相一致。

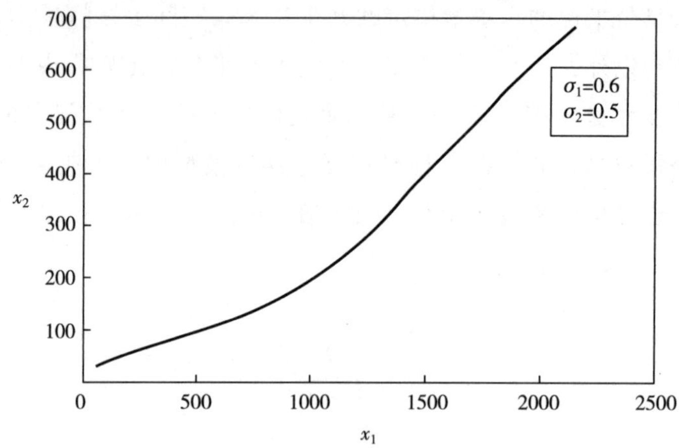

图 6－4　对称互惠模型仿真图

三、快递—电商合作竞争“最后一公里”
——电子商务快递终端投递

快递终端配送（Express Terminal Distribution，ETD）作为快递服务的最后一环，是连接电商企业与网购客户的关键环节，其运营模式直接影响快递企业的经营绩效和服务质量。可以预见，未来我国快递业将呈现持续增长的态势，而 ETD 这一瓶颈势必日渐凸显。Fedex 曾统计，ETD 的费用占物流总成本的 30% 以上，是制约快递业发展的重要影响因素。2017 年，刘君在北京举行的中国快递“最后一公里”峰会上指出，ETD 是快递业发展面临的最大瓶颈。2018 年，我国出台 1 号文《国务院办公厅关于推进电子商务与快递物流协同发展的意见》，国家邮政局局长马军胜提出“末端转型升级”行动计划。这一系列数据及举措无不剑指 ETD，因此，ETD 难题的解决迫在眉睫①。

（一）投递模式

我国ETD运营模式目前主要有三种，分别是送货到户、人工代收和智能快递柜。送货到户是快递员将快件送到客户家中，当面签收，优质的服务在面对面接触过程中能为企业创造良好的口碑。人工代收是集结快件的第三方代收平台，是连接快递公司和客户的中转点，例如菜鸟驿站、熊猫快收和小麦公社等平台，人工代收是目前最为盛行的一种模式。早在2001年，斯坦福大学的Lee和Whang认为代收模式是有效解决"最后一公里"配送难题的方法之一。Weltevreden研究表明，人工代收点若是便利店，客户取件不但会增加店铺人气，而且大约有25%的客户在取件时会购买商品。② 智能快递柜起源于德国的DHL，它跟人工代收的区别在于无人值守，既能节约快递员的时间又方便客户取件，目前我国的智能快递柜有速递易、丰巢、富友、云柜等十多家公司。金无足赤、人无完人，三种ETD运营模式皆有各自的优势，但也存在一定的困惑。

自2013年以来，国内各大快递公司与电商平台在快递市场互相竞争，不断探索新的终端投递模式。一些快递公司增加了许多服务方式，设计了很多新型产品，也在一定程度上缓解了"最后一公里"带来的不便。此外，还需要建设面向网购的高效物流配送社会公用性基础设施，形成完整的物流系统，提高生活满意度和幸福感、促进经济增长服务，为电子商务发展提供坚实后盾。

配送网络成为竞争优势的重要来源，各快递企业及电商加紧布局，纷纷发力构建竞争优势。快递公司不断探索终端投递新模式，或自建或与第三方合作，积极优化"最后一公里"终端投递的客户体验。

---

① 秦智聃，陈章跃．我国快递终端配送的困惑与未来［J］．电子商务，2019（1）：6-8+29.

② 徐天亮．运输与配送［M］．北京：中国物资出版社，2002.

1. 典型快递企业投递模式

（1）顺丰速运开展虚拟地址服务。2013年5月，为方便客户寄递收取快件，同时有效避免客户信息泄露，顺丰与第三方代收快递公司收货宝合作，为客户提供代收件服务；在硬件设施方面，顺丰自行研发了快递储物柜，目前已经在杭州试点运行，继DHL之后，在国内首推移动作业车，在深圳等地试点。顺丰在终端配送方面全面布局，不放过任何一个契机。

（2）申通快递宣布计划建设末端派送体系。申通快递董事长表示，2019年建设3万个快件存放点。据了解，在主要高校，申通快递将确保至少一个固定服务点；城市住户规模在700~1000户的中等小区，申通快递根据投递情况设立固定服务点。服务点将主要选取校内、社区内的商店、花店、复印店等便民商业。对于快件的收寄验视环节，申通快递将对各服务点的工作人员进行培训。申通总部给北京申通下达的自提货柜任务是300个。北京申通加盟商对该业务热情很高，准备在二环至六环布局近千个网点。

（3）中外运敦豪（DHL）。为有效解决大城市中心交通拥堵对企业物流造成的困境，2013年初，中外敦豪开始试水移动作业基站服务模式，该模式配备具备基本快件处理能力的移动作业车，直接对接商业密集区，为企业提供贴身取件服务。移动作业车模式深入城市中心商业区服务，可以优化快件转运路线，提升转运效率，延长客户截件时间，有效应对大城市市区和商业密集区的物流难题。

2014年，在北京、上海、深圳中心商业区部署了8辆移动作业车，为相关地区的客户最晚推迟取件时间60分钟，中外运敦豪移动作业车通过4G无线接入网络，车内配备先进的影像上传、称重、运单和标签打印设备，平均每票快件可以在15秒内完成基本出口操作。

中外运敦豪在北京能够为国贸、中关村等地区的用户推迟截件时间1小时，助力当地客户轻松搭乘当日最晚的出口航班，在移动作业基站服务地区享受北京最晚的截件时间。同时快件收取操作后，即可直接送至口岸进行出口申报，免除返回服务中心的常规转运环节，显著地为客户延长当日截件时间，有效地减少作业中心高峰期快件集中操作的压力。

移动作业车可缓解快递服务业 CBD 地区遇到的难题，这是快递公司、消费者之间经济而且有效的互动模式。这种模式目前虽说要受到自身的服务半径、相关措施的不完善等因素制约，但基于其自身的优越性，日益受到快递企业重视，相信不久的将来，会得到普及并成为综合的服务平台。其究竟是否能迅速改善目前快递业在 CBD 地区的诸多问题，还需要进一步的科学论证和市场检验。

2. 电商投递终端

各大电商也在积极备战物流配送。阿里巴巴旗下公司淘宝网和淘宝商城利用物业、高校、第三方等多方自提点资源，开展线下提货服务。京东商城发展多种自提模式的同时，斥资引进智能快递柜。苏宁云商在线下实体卖场内设置“易购综合服务专区”，使线上线下同步业务。各大电商与快递企业深知配送服务的重要性，加紧构建竞争优势，争取在快递大战中分一杯羹。

（1）苏宁云商—线下实体卖场内设置“易购综合服务专区”。北京的 87 家苏宁电器门店日前已成为苏宁旗下网购平台苏宁易购的快递点和自主取货点，为消费者提供商品自提、商品退换货等服务。

（2）阿里巴巴。

1）与多方自提点资源合作，全面开展自提业务。

①便利店。2013 年 4 月，天猫尝试在北京、上海、杭州、广州等 6 个城市设立了 1300 多个自提网点。天猫在华东地区将喜士多、好德以及可的等便利店发展成为天猫社区服务站合作伙伴，布局自提点，以应对快递涨价、节假日快递半休、快递送货时间与买家不对接等问题。

②物业公司。目前，天猫计划与合肥的物业公司合作，在 200 个社区推广建立天猫社区服务站。小区业主可以将包裹直接寄到物业，淘宝方面会给予服务站相应的补贴，服务站不会向网购者收取任何费用。

③阿里校园小邮局。2012 年 9 月，开展提供校园快递系统解决方案的

“阿里巴巴服务站”试点，首批已和11家高校达成合作，服务站以校园小邮局形式切入，以提供快件收发、自提等服务方便高校学生取件和寄件。服务站面积50～200平方米，基本安排在学生宿舍楼附近或去学校食堂的必经之路，方便学生收发件，快递公司按件数与学校结算经费。在合作模式上，天猫并不直接做小邮局，而是一个系统解决方案提供者，提供符合学校应用场景的小邮局操作系统。除了淘宝、天猫的快件之外，当当、京东等网络公司的快递包裹，同样可使用该系统结算进入学校。

④与北京城市100合作。北京城市100与淘宝网开展三个领域的合作，即淘宝推荐物流、自提物流业务、淘宝本地生活超市。推荐物流指合作物流服务商向在线下单的淘宝网用户提供的物流服务。门店自提业务提供可接受淘宝网和天猫买家的委托，代买家收取商品的服务。淘宝本地生活超市是淘宝联盟为了活跃一定区域的淘宝业务而推出的一项业务，本地淘宝商家的买家在同一个城市，主要是以日常消费的产品为主，用户可以到实体店去拿货，既可以省邮费，又可以看到实体的商品，对不满意的商品还可以立即换或退。

⑤“自建”线下自提点——猫屋。“猫屋”是近期兴起的电商线下品牌，它与天猫、淘宝、菜鸟网络及盛盈汇等知名电商企业合作，借助O2O体验方式，与旗舰店、参与店、代理店相结合，建造多维度开放、便捷、自由的500米居民生活圈，主要为邻居提供电商包裹自提、预约派送、24小时自提柜等包裹服务。2013年8月20日，与天猫服务站签署包裹自提协议，百家代理店同步上线开展自提业务。据知情人士透露，该公司由天猫高管创办，其标示、名称均与天猫有异曲同工之妙。此前，马云在年初的《对话》节目中强调，未来阿里将打造线下O2O模式，而“猫屋”或正在为此做试水尝试。

2）天网地网合二为一。为整合集团物流资源，阿里物流事业部（代号“天网”）与菜鸟网络（代号“地网”）正式进行合并。物流事业部其业务重点就是对物流数据进行分析并形成产品，比如，商家在选择快递公司时，在一条特定的线路上，全国所有的快递公司时效表现、价格水平等，这些产品都可以帮商家做出决策。菜鸟网络其主要职责包括拿地、建仓储、构建与合作伙伴的合作模式。

3）阿里物流与快递公司的合作升级。2013 年 5 月 30 日，阿里巴巴集团物流事业部宣布将与“三通一达”、顺丰、EMS 等 10 家快递公司达成合作，以物流数据为基础，进一步探索针对消费者的物流产品和服务。达成合作的 10 家快递及物流公司包括：中国邮政集团、中国邮政 EMS、申通、圆通、韵达、中通、顺丰、百世汇通、天天、宅急送。

同时，天猫商城宣布与中国邮政 EMS 合作推出覆盖全国 31 省的货到付款服务，联手顺丰在全国 78 个城市开通预约配送服务。

3. 第三方投递柜运营管理公司投递

代表性企业为江苏云贵、上海富友、日日顺等，而第三方平台品牌众多，主要发力细分市场和局部市场。

（二）智能快递柜发展模式

2013 年，国家邮政局正式出台文件鼓励和支持邮政、快递企业及社会资金，投入快递服务末端智能件箱等自助服务设施建设并推广使用。2015 年，国务院出台《关于积极推进“互联网 +”行动的指导意见》，鼓励发展社区自提柜、冷链储藏柜、代收服务点等新型化配送模式。2018 年，国务院 1 号文件颁布，鼓励地方将推广智能快件箱纳入便民服务、民生工程等项目。

2012 年 9 月，中邮速递易在中国推出第一台“速递易”智能快件箱。随着智慧化物流成为行业发展趋势，各个市场主体不断在物流末端进行变革创新，智能快递柜的 24 小时自助派送服务规范物流末端配送，极大地提高效率，不仅解决了用户和快递员之间因时间不相交而造成包裹无法及时收取，或暂存至某些人工栈点导致丢件等问题实现物流便民服务，同时还带动了整个物流行业的高效运转，促进了整个物流行业降本增效。

智能快递柜本质上是一种共享经济模式，快递员只需将快递包裹暂时存放在快递柜里，并将投递信息通过短信等方式发送给收件人，收件人就可享受24小时自助取件服务，既方便投递和取货，又安全可靠，有助于保护个人隐私，提升了快递“最后一公里”的派送效率。对于电子商务企业和快递公司而言，智能快递柜不仅可以减轻快递员的工作压力，确保包裹投递的时效性，也对整个电子商务的物流水平起到重要的支撑作用，可以大大缓解居民小区和写字楼物业代收和存放快递的压力，让快递服务更加周到，得到公众的认可。

目前全国有几十家智能快递柜企业，主要分为三类：一是快递公司自建的智能柜，以中邮速递易、丰巢科技为主的物流平台系，在中邮速递易掀起的快递柜潮之后，国内的快递柜迭起，以中邮速递易和丰巢为代表的快递系企业逐渐成为行业的龙头企业；二是电商企业自建的智能柜，代表主要为菜鸟、京东、苏宁易购的自提柜业务，但是电商系的快递柜数量相对较少，宣传力度不大；三是第三方快递柜运营管理公司，代表企业为江苏云贵、上海富友、日日顺、近邻宝等，而第三方平台品牌众多，主要发力细分市场和局部市场。2017年，智能快递柜市场发生了两起重大并购事件，改变了智能快递柜的市场格局。首先是中国邮政收购速递易，接着是丰巢科技收购中集e栈，从此，智能快递柜市场走向了“两虎争霸”的局面。智能快递柜领域的两大巨头纷纷推出人脸识别技术和大型自提柜等新技术，还在部分“爆仓”城市试点新的收费模式。从快递入柜量来看，2015年为150万单，2016年快速增长至550万单，2017年已接近1000万单，其复合增速已超过快递行业的增速。以行业领先的中邮速递易为例，目前累计覆盖全国79个重点城市，柜机布放近9万台，近400万个格口，累计实现了17亿单的派件量，目前中邮速递易布局在全国的智能快递柜日均投递量近300万件，在2017年“双十一”期间，更是创造了单日超380万件包裹的交付纪录（蔡元琦、顾帆，2018）。如图6－5、图6－6所示，国内快递柜数量及入柜率发展迅速。

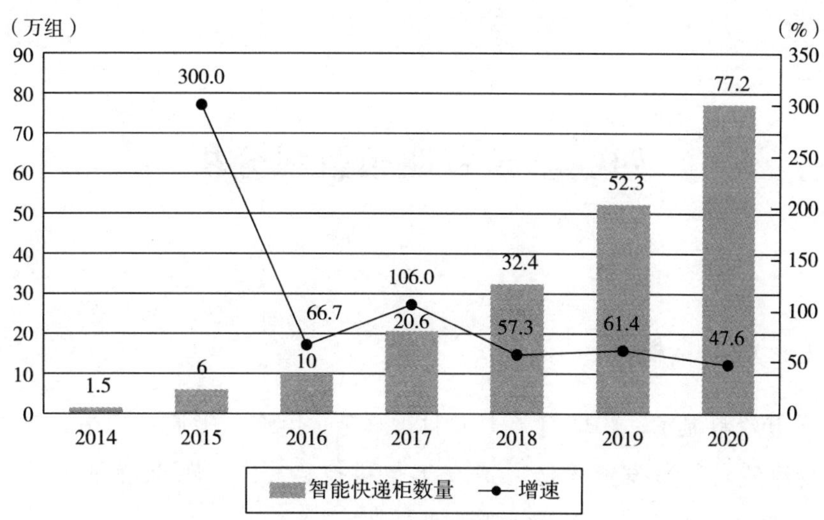

图 6-5　2014~2020 全国快递柜数量情况

资料来源：国家邮政局、艾瑞咨询研究院。

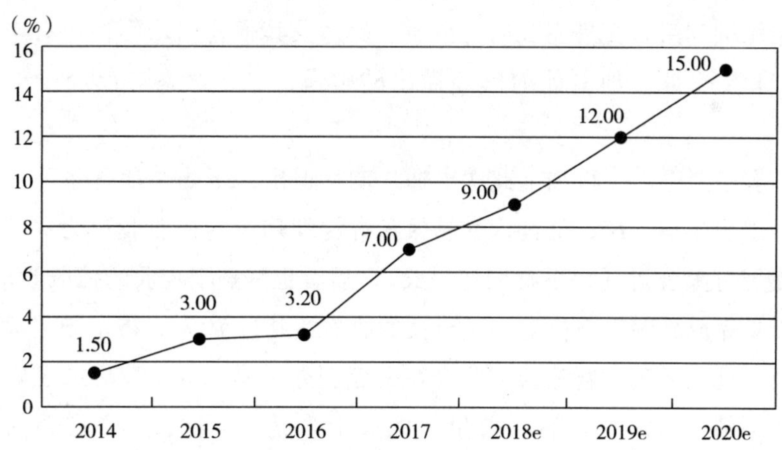

图 6-6　2014~2020 全国快递柜入柜率

资料来源：国家邮政局、艾瑞咨询研究院。

四、丰巢智能柜盈利分析

（一）丰巢概述

公开资料显示，2015年6月6日，顺丰、申通、中通、韵达、普洛斯5家物流公司宣布投资5亿元成立丰巢科技。其中，顺丰持股35%，申通、中通、韵达各持股20%，普洛斯持股5%。

2018年6月，申通快递发公告称，全资子公司申通快递有限公司向深圳玮荣企业发展有限公司转让所持的丰巢科技9.09%的股权。同一天，韵达股份也公告称，公司及旗下子公司拟将持有的丰巢科技13.47%的股权转让给深圳玮荣。交易完成后，申通、韵达及其子公司均不再持有丰巢科技的股权。至此，加上此前已经撤出的中通，“通达系”已经全面退出丰巢。

前有中通退出，再加上此次申通、韵达退出，至此“通达系”快递公司悉数退出丰巢系统，而此次交易接盘方深圳玮荣的控股股东为深圳明德控股发展有限公司（以下称明德控股），后者也是顺丰控股的控股股东。

交易完成后顺丰系持有丰巢科技的股份达到近70%，将主导丰巢科技的运营。此前，五大物流公司联合在一起创办丰巢，其实背后的逻辑不难理解，为解决快递“最后一公里”的成本难题，不过，一个有趣的现象是，丰巢不仅承担申通、中通、韵达股东方的快递末端服务，还允许未参与投资的快递公司利用丰巢快递柜提升末端服务效率，而参与投资的快递公司却承受持续的亏损。

为了体现自身商业价值，丰巢现在能做的就是不断加速快递柜投放，一方面，寄希望借助资本扩张，迅速完成行业的洗牌，最终实现垄断市场的目的；另一方面，加速快递柜的普及，通过从C端撬动B端，最终迫使快递公司使用丰巢的服务。

截至2018年5月31日，丰巢科技的营业收入为2.88亿元，净利润为-2.49亿元，资产总额为63.11亿元，净资产为45.79亿元。

亏损当然得靠融资来补，2018年1月5日，丰巢快递柜官方微信号宣布，公司已经完成25亿元的A轮融资，本轮融资由鼎晖领投，国开、钟鼎、熠遥跟投。本轮融资后，丰巢将在一二线城市加速拓展网点布局，强化已进驻城市的资源优势。

从当时的融资情况来看，原始股东中通并未参与本轮融资，韵达未确定参与，申通虽然选择跟投，但持股比例从19%稀释到10%。

对于“最后一公里”，菜鸟也在布局，2018年5月30日，菜鸟网络子公司浙江驿栈获得了来自圆通、中通、申通、韵达、百世及其相关子公司31.67亿元的融资。浙江驿栈是菜鸟网络旗下全资子公司，增资前菜鸟拥有100%的股份。增资完成后，浙江菜鸟将持股浙江驿栈55.81%的股份，中通将持股15%，韵达将持股10%。

这一进一出的做法，“通达系”在选择菜鸟以及顺丰上，态度表现得已经十分明显。

丰巢在亏损的同时，菜鸟驿站也在亏损，根据报道，公司在2017年净亏损达2.90亿元；其2018年第一季度净亏损为1.14亿元。

国家邮政局数据显示，目前全国快递柜数量大约20万个，预计到2020年，快递入柜率有望达20%，对应快递柜格口需求约为7600万个，市场需求及潜力巨大（刘斯会，2018）。

（二）丰巢智能柜盈利分析及多元化发展

近邻宝、丰巢等快递柜双向收费一直存在争议，快递柜收费也一直是敏感问题，而丰巢等快递柜公司持续亏损也是不争的事实。众所周知，快递柜是一个战略性项目，而不是盈利性项目，主要服务于快递公司，若从补贴性角度看，发展智能寄存业务无疑可以更好地平衡成本，来弥补快递柜的亏损。

1. 快递柜营收分析——以丰巢为例

丰巢没有利润但有营收，单组设备月收300~600元。截至2016年12月31日，丰巢的资产总额约为13亿元，负债总额为6.3亿元，全年营业收入2255万元，净利润负2.5亿元，而在2017年1月丰巢完成A轮融资25亿元，估值55亿元。彼时约投放4万组智能快递柜，格口数量达300万（平均1组75格）。

截至2017年12月31日，丰巢的资产总额为45.86亿元，负债总额为17.57亿元，净资产为28.28亿元，全年营业收入3.084亿元，净利润负3.85亿元，而在2019年1月丰巢完成新一轮融资20亿元，估值已达90亿元。2018年9月完成对中集e栈的并购后，丰巢快递柜数量达7.4万组，计划2019年底总投放9万组。

截至2018年5月31日，丰巢的资产总额为63.11亿元，负债总额为17.32亿元，净资产为45.79亿元；2018年1~5月的营业收入为2.88亿元，净利润为负2.49亿元。丰巢计划2019年再增加投放5万组快递柜。

丰巢的亏损在连年增加的同时，营收能力也在快速提升，2016年营收只有2255万元，到了2017年营收已达3.084亿元，同比增长1236.6%，2018年前5个月的营收已达2.88亿元，逼近2017年全年的3.084亿元。

丰巢的营收能力快速提升主要有四个方面，一是市场覆盖量的翻倍增长，形成规模效应，吸引更多快递员付费使用；二是不断压缩免费使用时间，从最长免费72小时到现在最短免费4小时；三是主推微信公众号取件，吸引了4000多万公众号粉丝，公众号头条广告报价高达100万元（实际至少要65万元）；四是在2019年上半年开始推出“讨赏”模式，用户不自觉间为快递柜服务付费。另外，丰巢还有柜面、屏幕、手机提示等广告以及用户寄件收入。

我们不妨粗略算一下丰巢快递柜的单点营收能力。2016年，4万组柜机营收2255万元，全年单点月均营收为47元；2017年9万组柜机，营收3.084亿元，全年单点月均营收为286元；2018年前5月营收2.88亿元，约投放 11.1 万组机柜（9 万 +5 万/12 ×5），期内单点月均营收为 519 元。

丰巢 CMO 李文青曾表示，目前丰巢亏损主要是因为增布新快递柜，现有快递柜其实基本可做到收支平衡。对此，主营自助寄存服务的共存智能柜联合创始人汪坚也表示，若能达到单点月收 520 元，基本可以实现已有点位运营成本的收支平衡，但无法收回设备投放成本，部分点位也无法满足物业的场租要求，所以丰巢应该也是迫不得已才会不断强化收费能力，以致用户抱怨不断。

2. 丰巢市场潜力巨大，预期良好

从数据来看，快递柜公司是越亏越值钱。丰巢 2016 年亏损 2.5 亿元，估值 55 亿元；2017 年亏损 3.85 亿元，估值已增长到 90 亿元，这主要是资本市场对未来快递产业发展普遍有着积极的看法，现在亏损是为抢占市场，属于战略性亏损，所以公司才会越亏越值钱。

国家邮政局数据显示，2017 年快递业务总量达到 400.6 亿件，业务收入达到 4957 亿元。根据《邮政业发展“十三五”规划》预计，2020 年快递业务量将达到 700 亿件，业务收入接近 8000 亿元。

另外，据统计，2017 年底国内已投放智能快递柜数为 20.6 万组，较 2016 年增加 1 倍以上，通过智能快递柜投递快件占投递总量 7%，同比提高了近 4 个百分点。根据国家邮政局 2018 年的工作计划，智能快递柜投递率将提高 2 个百分点，2020 年，快递入柜率有望达到 15%。

2020 年，快递总量将达到 700 亿件，15% 入柜率约 105 亿件，日均 2876.7 万件，按照平均 1 组 75 个格口计算，若各组设备的使用率均达 100%，至少也需 38.4 万组。按照丰巢的规划，预计 2018 年底全国范围总计投放可达 14 万组，中邮速递易扩张速度与之相当，也有可能达到 14 万组的规模，再加上菜鸟驿站 2019 年加强快递柜投放，预计 38.4 万组在 2019 年中即可完成。

2018 年 9 月初，丰巢与链家达成合作时称，日均派件量达 900 万 +，这意味着丰巢年派件量高达 32.85 亿件，不过这个均值的取值范围是 1 ~9 月还是 7 ~9 月，并没有详细介绍。我们不妨简单统计一下，在 2017 年 9

月收购中集 e 栈时，丰巢自称 6 万组柜机日均包裹量 400 万件，约 66.7 件/组/日，如今日均 900 万件，约需 13.5 万组。

考虑到丰巢 2017 年并购完中集 e 栈后计划年底投放量达 9 万组，若要实现日均 900 万单，到 2018 年 8 月底要有 13.5 万组终端，这就需要在前 8 个月时间投放 4.5 万组，而丰巢计划 2018 年全年总投放 5 万组，虽然 4.5 万组在计划之内，但 8 个月几乎完成全年的投放目标，多少还是有些出入的，900 万件可以能是其峰值。

其实，丰巢是 8 个月投放 4.5 万组，还是 12 个月投放 5 万组根本不重要，按照丰巢快递柜的铺点速度，真实达到日均 900 万件也只是时间问题。年派件量 32.85 亿件意味着什么？如果每件快递可以赚 1 块，仅收件业务年收入可达 38.25 亿元，就算每件赚 5 毛，也有 14.625 亿元的营收。

按照这个故事讲下去，现在每年亏损 3 亿 ~4 亿元根本不算多大的事，现阶段的目标就是抢占市场、扩大规模、提升占有率，即便现在不赚钱，一旦政策有变或者用户支付意愿出现转变，快递柜的营收能力还是非常强劲的。

就像最初用户不愿意为视频、音乐、网文、游戏付费，但现在大部分网民已经养成了为网络虚拟服务付费的意愿，未来也很有可能会为快递柜服务付费。

在 2017 年丰巢快递柜的市场占有率已达 40% ~50%，按照这个进度发展，丰巢已具备垄断潜质。然而还未等到垄断之时，持续亏钱的快递柜市场这两年发生了合纵连横的变化，这对丰巢的未来打上了一个新问号。

3. 发展寄存业务，扩展多元化经营

丰巢等快递柜超过 4 小时或者 1 天就要收费 1 元，对此不少消费者表示“如果超过 24 小时没取需要付费我接受，但超过 4 小时就要收钱，是不是太不合理了？”

快递柜亏损已是老生常谈的问题，主要存在两方面问题：一是营收方面，用户不愿为此付费，而快递员支付的费用较低；二是成本方面，设备生产成本较高，同时投放点位租金较高。

若进一步追问快递柜亏损缘由，主要是快递柜面对的4个不同主体，在享受快递柜带来便利、收益的同时，并不愿分担快递柜的“痛楚”：一是用户认为，已经支付快递费，快递柜取件就不应该再收费；二是快递员表示，为不同大小的快递支付0.3元、0.5元、1元的费用已是极限；三是物业公司认为，快递柜每天几十上百件快递肯定赚钱，所以必须收入场费；四是快递柜加工厂则明算账，有一整个厂子工人要养，生产快递柜要注重利润。

共存寄存柜日进斗金，用户愿为此付费，不少快递柜运营商正开展此项增值服务。对比丰巢快递柜的处境，主营自助寄存服务的共存智能柜联合创始人汪坚表示，相同的柜子放在不同的地方，产生效益的能力可能也有差别。与丰巢主营快递柜方向不同，共存智能柜选择从寄存柜市场切入，为景区、酒吧、医院、健身房、交通枢纽等场景的用户提供付费寄存服务，时价为1~6元，场景方有自主定价权。

主营自助寄存服务的共存智能柜联合创始人汪坚透露，共存寄存柜的优质点位日收可达160元以上，劣质点位也有50元，营收能力要远远强于快递柜，最快3~4个月可回本，最慢1年可收回成本。目前共存智能柜已与宋城、酒球会、MAO、皇后酒吧、浙医一院、浙医二院等达成合作。

若真如此，从财务角度看，寄存柜有一个非常健康的财务模型，值得资本市场关注，而且市场潜力也足够大，全国景区、酒吧、游乐园、医院、健身房、火车站、机场、会展中心等点位加起来需求量可达20万组以上，潜在市场规模达百亿元，最主要的是用户愿意为此付费，这是快递柜做不到的。

哪里有利润，哪里就会有竞争者出现。汪坚指出，在业界关注丰巢快递柜收费问题时，丰巢已在悄然试点自助寄存市场，2019年5月丰巢中标杭州周边17个高铁站、总计36组寄存柜的订单，算是初步试点自助寄存服务，同期“丰巢快递柜”公众号更名为“丰巢智能柜”，算是摆脱“快递”的限制，为后期其他产品做准备。

对于半路杀入一个巨头级竞争对手，主营自助寄存服务的共存智能柜联合创始人汪坚表示并不在意，其认为丰巢目前的战略重心仍是快递柜，不会花太多精力在寄存柜市场，而自助寄存市场并不只是投入设备那么简单，还需要后续一系列运营维护工作，丰巢没有集中公司之力做这件事，对共存的发展就构不成太大威胁，反倒会助推业界对自助寄存市场的关注。

事实上，丰巢早已开始尝试营收多样化，如进行社区洗衣服务、自助购彩服务、丰巢柜售货服务，以及在微信上开设主营水果、美妆、酒水、家居的“丰巢特惠商城”等，丰巢尝试寄存业务或许只是营收多元化的又一次尝试，主要目的还是增强自身的营收能力。

4. 丰巢与菜鸟竞争末端配送

2016 年，菜鸟与丰巢以数据名义开撕，埋下了行业变局的种子。2017 年 6 月 1 日凌晨，菜鸟指责顺丰宣布关闭对菜鸟的数据接口，随后顺丰爆出猛料称是菜鸟率先发难封杀丰巢，双方吵得不可开交，最终由国家邮政局出面调停，此事才在表面上平息，而暗地里则催化了快递柜行业变局。

一个月后，中邮资本、复星集团、菜鸟网络三家公司参与了速递易的重组，虽然速递易重组在 2018 年 4 月就已有计划，但最后菜鸟以及亲阿里的复星参与其中，更大的目的是拉拢速递易成为体系盟友，以便牵制丰巢的发展。

这还没完，2018 年 7 月的数据之争是丰鸟矛盾全面爆发的导火索，现在来看两家公司已经结下不解的梁子，大有拼死一战的架势。2019 年 1 月，菜鸟快递柜悄然立项，5 月底菜鸟牵头组建浙江驿站，中通、圆通、申通、韵达、百世等快递公司纷纷出资加入，共计增资 31.67 亿元，储备了足够多的资金弹药。

一周后，申通、韵达宣布退出丰巢，虽然表面上声称还将持续进行合作，但申通和韵达站队阿里的态度已不言自明。再加上 2018 年本就不是丰巢股东的圆通曾要求严禁将快件放入顺丰旗下丰巢自提柜，提倡自建终端，对于一次未妥投的快件，可以放在就近的菜鸟驿站。自此，菜鸟与丰巢已经从舆论战演变成全面的市场对抗。

目前还无法直观地体会到双方激烈交战的境况，菜鸟方面的表现是非常坚决的，在完成浙江驿站增资建设后，菜鸟正加速向市场投放快递柜终端。不过，线下终端投放需要较长的发展时间，拓展点位、投放安装以及终端生产都不可能一蹴而就。

在菜鸟全面完成快递柜投放工作之前，“通达系”快递公司不可能彻底与丰巢翻脸，毕竟快递柜大幅提升了快递员的工作效率，很多点位都需要使用丰巢快递柜。不妨设想一下，一旦菜鸟完成快递柜布局，就意味着“通达系”有了替代品，到时很有可能会要求快递员不准用丰巢快递柜，只许用菜鸟快递柜或者中邮速递易，丰巢有被彻底封杀的潜在隐患。

要知道，快递柜的业务来自各家快递公司。快递员养活了快递柜，一旦失去单量来源，将产生连锁反应。首先，“通达系”的快递员不再为丰巢快递柜付费，这将失去现阶段主要的收入来源；其次，失去快递单量就意味着用户流失，用户也不会再为丰巢快递柜付费，更没有打赏；最后，用户流失将会使丰巢的广告价值下降，导致营收锐减。

根据丰巢提供的 2016 年各家快递公司“丰巢”快递柜使用量数据信息显示，中通使用量占比 22%、圆通占比 18%、申通占比 14%、韵达占比 14%、百世占比 10%、顺丰占比 6%，京东、EMS、天天等瓜分剩下的份额。不难发现，顺丰一家快递公司无法独自养活丰巢快递柜。

对于丰巢而言，菜鸟的对抗策略目前还算不上是危机，但却是不得不在意的隐患。

未来的不确定性包括用户不满、物业收费、邮政竞争、盟友闹掰、菜鸟补刀、京东进场，最后可以再全盘看一下影响丰巢的几点不确定性因素。

一是用户对收费不满。长远看，5 年后也许绝大部分用户会养成为快递柜付费的使用习惯，但短期内用户对快递柜收费仍充满敌意，这将导致丰巢短期内都是难以盈利的局面。

另外，用户实际对快递柜是没有忠诚度可言的，在丰巢、速递易还是菜鸟取快递没有本质差别，快递柜只是取件工具，不同快递柜体验差别不大。如果菜鸟快递柜采取消耗战略，强推用户免费使用，定然会使丰巢流失部分用户。

二是物业场地费不低。物业公司是非常现实的，无论是社区、办公区还是其他场景的物业，对快递柜收费从来不留情面，快递柜的场地年租金为 3000 元～30000 元。

更重要的是，绝大多数物业与快递柜的合作并不排他，价格合适就让进场，美其名曰引入竞争才能提升服务品质。物业对快递柜的年租金还会不断上涨，哪家公司给的钱多，优先支持哪家公司投放。也就是说，丰巢现有点位并非不可撬动。

三是与邮政竞争激烈。本来速递易持续亏损，导致三泰电子已有退市风险，眼看丰巢就要赢得快递柜市场的竞争，而在邮政出面接盘之后，速递易有了更大的施展空间。

邮政接盘速递易有好、有坏。好处在于，国资背景进入，不会任由物业公司恶意坐地起价，可逐渐控制物业的场地费要求，不然国有资产流失的恶名谁也担当不起；坏处在于，政府背景介入民生服务的快递柜市场，需要控制营收，赚钱太多也没办法交代。

四是与老盟友的关系已现裂痕。2015 年，顺丰牵头组建丰巢科技，总投资 5 亿元，顺丰占 35%，申通、中通和韵达各占 20%，普洛斯则占 5%。昔日抱团服务终端快递员，今日已分道扬镳。

中通、圆通、申通、韵达、百世等快递公司站队阿里，一方面，因为与阿里有着密不可分的长期合作关系，淘宝为其贡献了绝大部分业务；另一方面，顺丰一直在主导丰巢，以致其他快递公司沦为出钱、出力、出人的陪跑角色。如今菜鸟一召唤，各公司迅速响应。

五是菜鸟执意要补刀。菜鸟对快递柜的态度随着丰巢的发展而不断转变，最初默许并支持丰巢发展，后来有意要掌控数据接口，再到如今开始实行市场对抗策略。

对于菜鸟而言，快递柜赚不赚钱并不重要，每年亏损 3 亿～4 亿元也完全可以承受，菜鸟本就是阿里出于大物流战略的成本项目，阿里在意的是对整个大物流体系的控制权，如果未来快递柜的入柜率可以达到15%，那么菜鸟必然要获得数据控制权，丰巢不配合就只有竞争。

六是京东快递或搅局。2018 年 10 月京东正式宣布全面进入个人快递业务，短期内京东很难抢下足够多的个人快递业务，但长远来看，京东快递则是一个未知因素。

虽然在单点营收能力上快递柜远不及寄存柜，但当快递柜成为未来快递行业重要的终端配送补充时，需从战略角度看待这一市场。随着快递量持续上涨，人工成本不断上升，快递柜市场必然会随之增长。若丰巢执意与菜鸟硬碰硬，可能会对自身的发展不利，所以丰巢需要考虑多元化经营，以便降低单一业务的风险性，其中自助寄存或是值得丰巢尝试的方向之一①。

（三）竞争对手发展自助寄存终端：小黄筒

2017 年 6 月，中邮速递易与中国邮政共同缔造的智能寄件设备小黄筒正式上线，率先以科技的力量解决快递行业“最先 100 米”的收寄痛点，提供 24 小时快递自助寄件服务，并采用统一标准收费，不仅能满足用户随时寄的需求，还可以通过集中配送的方式，让快递员集中取走包裹减少快递员上门取件的时间，在提高快递行业运营效率的同时，也可以降低中国逆向物流成本。

通过密集布点，采用统一标准收费，还采用集中配送的方式，搭载数据运营模式，让快递员以更精准的包裹定位信息有效地规划收件路径，以最快的速度完成多量寄取工作，提升在寄件物流的运营效率；同时，小黄筒存在自给自足的太阳能供电系统、GPS 定位导航等全新科技基因，颠覆了寄件端的服务模式，创造了新品类和更加智慧化建设末交付生态。为快

① 艾瑞咨询．智能柜之争：快递柜持续出血，寄存柜日进斗金［EB/OL］．http：//column.iresearch.cn/b/201810/848180.shtml.

递员提升工作效率，后台数据化运营让集约化配送+智能化终端应用于实际的工作中，并扩大了其服务直径范围。

小黄筒的应用场景包括社区、住宅、机关单位、商业写字楼、街道、商城等，目前中邮速递易正在大力推动后期的设备铺设，同时将小黄筒检视功能、寄件流程等优化，在2018年正式推出第二代小黄筒，从功能体系、硬件结构体系、运力等几方面继续推出创新服务，未来将按照中国邮政绿信筒的路径全面铺设。小黄筒样式如图6-7所示。

图6-7 小黄筒样式图

（四）智能快递柜发展存在的障碍与前景分析

1. 智能快递柜发展存在的主要障碍

（1）空间布局规划滞后。当前我国智能快递柜的发展和国外的发达国家比较而言，在我国很多城市的新建住宅小区以及商务办公楼等公共配套设施规划中还没有推广使用智能快递柜，而入户投递时会受小区的物业收费和物业管理的限制，并且很多时候由于收件人不在家，也会不同程度地影响入户投递的效率等。当前我们所处的时代是一个迅速发展的大数据时代，所以很多个体以及企业都掌握大数据的采集、保存、整理以及分析等过程，并且这些数据联系着国家以及个人信息的安全。而快递采集到的数据和信息对于我们来说也十分重要，这些数据涉及个人隐私，但是在当前我国对这些数据的处理还不能足够保障用户的隐私安全，数据整合与利用相对滞后，所以这也是阻碍智能快递柜纳入系统数据采集网络的重要原因。

（2）体制机制不顺。智能快递柜发展过程存在着很大的潜力和商机，当前我国很多企业都抓住了这一商机蜂拥而上，但是很多企业开发的产品都没有自主知识产权和自主首发等基本功能，所以在竞争的过程中也逐渐退出市场，但是这一现象使得我国很多行业进行无序发展。在快递行业很多物业管理机构开始见缝插针，收取快递进场费，所以导致一个很严重的问题，即判定智能快递柜推广的好坏并不是以产品功能或者企业技术的好坏以及产品综合性价比等去衡量，而是根据快递进场费的多少来判定企业智能柜是否已经设置到管理物业当中，所以这也导致很多快递企业在变相发展。

（3）产业发展政策严重缺失。当前我国有少数省份已经把智能快递柜这一新型产业与当地的经济发展计划相连接，并且作为重点扶持政策中的一项内容发展起来。但是还有很多省份对于这一方面的认识不全面，从而不能够出台具有针对性的产业发展政策，这也是江浙地区在我国智能快递柜产业的发展中仍旧比较滞后的主要原因。

（4）商业关系对于快递柜的影响。作为快递流量的源泉，快递公司和电商平台都已经开始收割战场，此后各家快递柜如果想要有流量，都不得不与电商集团和快递集团进行合作。在现实中，经营快递柜的第三方公司则想从物流业分一杯羹，快递企业和电商因此有所保留，进而导致快递公司、快递柜及电商平台的三方数据互不相通，第三方快递柜的使用率不高，快递柜同快递公司自身的派送系统整合对接进程缓慢。表现在快递柜上则为各家快递公司、电商平台各自设立快递柜，而且彼此的快递柜不能通用，没有标准化的尺寸（林本慧，2019）。

2. 智能快递柜在我国的发展前景分析

（1）优化快递柜的设计与规划。产品设计方面，应当在大量用户数据收集以及用户调查的基础上加大对快递柜设计升级的投入，充分利用有限的空间；加快研发、研讨用于存放外卖、生鲜、鲜花等物品的特种柜仓的投入使用；在支付方面，积极拓展支付的渠道，以支持手机支付、支持货到付款等功能，顺应商业潮流。选址规划方面，应当结合快递柜单个覆盖范围较小的特点，利用大数据分析结合人工智能规划，对每一个快递柜的选址都进行科学规划，尽心挑选，以保证其使用率。

（2）加速智能快递柜的产业发展，出台专门帮助产业发展的政策文件。首先，请示有关部门或者利用政府办公厅这一名义，监督和促进智能快递柜产业发展出台新的指导意见，明确牵头部门之后才能够出台和拟定指导意见，所以各个服务网点和公共交通系统必须紧密地联系起来。

（3）帮助本土科技创新型企业，创建智能快递柜产业中的龙头企业。对于一些企业，例如杭州快递网络有限公司等，其知识产权和技术需要加强重点培育，根据企业当前的发展状况，制定相应的政策措施以进行准确的帮扶计划。全力支持公司的独立运营，将该公司的智能快递柜推广到各省当中，并且免费推广到各省市的公共自行车服务网点，实现全省智能快递柜系统网络的建设，从而进一步扩大省外市场和国外市场。

（4）正确处理商业关系对快递柜的影响。快递柜行业发展到现在已进入相对稳定阶段，电商平台、快递企业和快递柜第三方公司在数据对接甚至业务系统的整合上已形成相对稳定的格局。通过物流和电商的行业协会以及有关政府部门的管理，对于快递柜的格口尺寸乃至布局统一都有望在不久的将来进行规范。

五、本章小结

本章首先阐述了共生思想，对合作竞争进行了较深入的综述，学者普遍认同“互补是企业合作竞争的基本前提，双赢是企业合作竞争的结果”。通过案例分析方法，对快递与电商的合作竞争进行了阐述，双方共生协作相互推动发展，但又存在着竞争。

结合第二章中的相关理论，指出快递业与电子商务是互惠共生的关系。依据共生理论，快递与电商是共生单元。从共生组织模式来看现阶段属于连续共生，电商企业与快递企业之间合作过程连续且具有长期性和稳定性的特征；从共生行为模式来看属于互惠共生，快递企业和电商企业之间有新能量的产生，且所产生的新能量在共生单元之间进行分配，存在双方甚至多方的利益交流机制。而共生环境就是整个电子商务生态系统环境以及外部环境。

本章通过生态种群 Lotka – Volterra 竞争模型，建立了非对称和对称两种快递与电商互惠共生模型。在非对称模式下，电子商务大企业处于主导地位；对称模型下，快递与电商企业的差距不大。在非对称互惠模式和对称互惠模式下快递企业与电商企业形成相互共生依存的关系。通过建立方程组，求解了两种模式下的系统稳定平衡解，最后在限定的均衡条件下基于 MATLAB 进行仿真，仿真的结果与理论推导相一致，得出电子商务企业与快递企业在两种模式下的产出水平变化规律。通过电子商务投递终端的案例研究，说明两者的合作竞争共同推动着快递与电商螺旋发展。

最后，对快递末端配送的投递模式进行了梳理，分析了智能快递柜作为一种共享经济模式，对提高电子商务的物流水平起到了支持作用。

第七章

新兴快递对传统邮政的影响

近年来，邮政普遍服务补贴问题正成为国内外研究的新热点。2012 年底出台的《邮政普遍服务基金征收使用管理暂行办法》（以下简称《办法》）意见稿，《办法》草案规定，在我国境内经营快递业务的企业需缴纳邮政普遍服务基金，引起了社会学界和民营快递业很大的争议和广泛的讨论。每件征收 0.5 元的征收标准是最大异议。快递企业代表纷纷表示，如果《办法》实施，将不得不通过提高运费来弥补失去的利润。

2015 年 4 月 24 日，《全国人民代表大会常务委员会关于修改〈中华人民共和国义务教育法〉等五部法律的决定》由中华人民共和国第十二届全国人民代表大会常务委员会第十四次会议通过，自公布之日起施行，这其中包括《中华人民共和国邮政法》。

2017 年 3 月 1 日起新修订的《邮政普遍服务》标准施行。新标准规定，省际地级以上城市间、省际其他地区之间的信件送达时间由原来的 9 天和 15 天分别缩短到 7 天和 8 天；普通包裹送达时间则由 15 天和 20 天分别缩短到 8 天和 9 天。另外，投递方式也得到改进。新标准规定包裹由投递包裹领取通知单改为按址投递包裹实物，其中城市全部按址投递；农村地区（包括乡、镇政府所在地和乡、镇其他地区）5 千克以下包裹按址投递到户或投递到村邮站，5 千克以上包裹可投递领取通知单。

邮政普遍服务再次成为人们研究的焦点。刘明光（2002）较早提出应建立邮政普遍服务基金。刘静雅（2009）提供了发展和完善普遍服务补偿机制的思路，同时说明了几种普遍服务补偿基金的主要来源。针对普遍服务成本核算困难的问题，吴立峰等（2009）用网络分析法构建了成本测算模型。一部分学者如郭宗杰（2012）认为，邮政普遍服务基金不应当向快递业征收邮政普遍服务基金，应通过竞标等形式参与邮政普遍服务的经营，并对普遍服务中的盈利部分与亏损部分进行合理区分。国外学者 Christian（2017）基于事前、事后视角谈论了邮政市场自由化后普遍服务义务的成本分摊问题：围绕四种不同的补贴标准分析了在政府财政基金（StateFunding）、共同基金（Fund）、服务或付费（Play or Pay）模型下各运营商利润的重新分配。

由此可见，国内学者对设立普遍服务基金多持肯定态度，但对其征收方式方法分歧较多。国内文献多以论述观点为主，对基金征收的论证少有研究，也缺乏必要的模型构建。Christian 则以一个市场准入和覆盖率的线性方程式模型为基础，说明了四种标准在运营商之间竞争均衡和利润分配上对普遍服务义务净价所代表的不正当性的影响。但这种假设和方法是静态的、非博弈的。本章希望能够通过实际问题结合相关理论，从经济学博弈论的角度来建立 Stackelberg 模型，分析邮政普遍服务基金政策实施后对现阶段我国邮政市场竞争态势的影响。

一、普遍服务基金对快递企业的影响研究

（一）邮政普遍服务范围与现状

邮政是比较特殊的产品，包括信件等普遍服务业务本身，集公益性、专营性、垄断性及可竞争性于一体。由于各国政治、经济、文化发展水平不同，邮政在各国的地位、作用、经济价值也有所差别，反映在对邮政普

遍服务范围的界定上也不尽相同。就我国而言，随着新《邮政法》的出台，普遍服务的范围更加明确化、清晰化。《邮政法》第十四条规定了邮政企业经营业务范围：邮件寄递；邮政汇兑、邮政储蓄；邮票发行以及票品制作、销售；国内报刊、图书等出版物发行；国家规定的其他业务。第十五条明确规定："邮政企业应当对信件、单件重量不超过五千克的印刷品、单件重量不超过十千克的包裹的寄递以及邮政汇兑提供邮政普遍服务。"

根据中国邮政集团最新发布的2016年年报显示，中国邮政的普遍服务范围广泛，包括信件、印刷品、包裹、汇票等。中国邮政所承担的普遍服务业务与他国相比，负有特别的责任——通政，即保证党和国家政令畅通的服务功能，因此普遍服务范围涵盖国家机要通信、边防通信、义务兵通信、党报党刊的发行和递送等，这些业务被称为政策性业务。

表7-1是我国邮政普遍服务近几年的状况，多项业务总量保持基本不变而成本居高不下。其作为社会公共事业，不仅需要合理的政策安排作为法律与制度保障，而且需要有强大的资金支持作为物质保障。因此，需要有切实可行的支持机制来保障和推进邮政普遍服务，以对普遍服务的成本进行合理的补偿。

表7-1　2010~2016年中国邮政提供普遍服务近况

指标＼年份	2010	2011	2012	2013	2014	2015	2016
函件总量（亿件）	74	73.8	70.7	63.4	56.1	45.8	36.2
包裹服务（万件）	6643	6883	6876	6925	5894	3382	2673.7
机要件（万件）	1790	1903.9	1995	1911	1921	1717	1628.4
订销报纸累计（亿份）	171	181.7	189.3	194	191.2	188	178.7
订销杂志累计（亿份）	10.5	10.8	11.2	11.4	10.8	10	8.4
汇票数（亿笔）	2.8	2.6	2.3	1.9	1.3	0.824	0.58

注：盲人读物也是普遍服务中的一项，但数量过少，这里暂不列出。

资料来源：中国邮政集团发布的年报。

（二）邮政普遍服务基金向快递业征收合理性探讨

在现有的成熟补偿方案中，有公共财政补贴、交叉补贴、邮政普遍服务基金等方案，表7-2对各个方案进行了比较。尽管有多种模式可供选择，但从邮政改革的趋势来看，在经过多年的探索之后，以普遍服务基金为核心的邮政普遍服务补偿机制已经被越来越多的国家认可。

表7-2 邮政普遍服务补偿方案对比

支持方案	优点	缺点
价格补偿	提高价格水平实现收支平衡；最简单、最直接	邮资低于其价值的问题难以逆转；力度有限
税收政策	减免企业运营成本；国内外已有先例	减免幅度有限，难以弥补亏损
拍卖许可制度	易操作，透明度高，电信领域应用广	邮政领域较难实现，缺乏稳定的现金流
公共财政补贴	针对性、计划性强，社会负担小	对提升企业运营效率不利，易形成依赖
邮政普遍服务基金	透明度高，可做到定向、定量的补贴，被广泛使用	基金收缴额的确定和收缴方式较难确定，基金运作成本需要考虑
交叉补贴	外部高盈利业务补贴亏损业务，有长期的国内外操作经验	阻碍竞争者进入补贴市场，导致效率低下
邮政专营	交叉补贴的一种，属于内部交叉补贴	专营范围日益趋窄，已无法完成任务

从现实情况来看，邮政普遍服务基金来源大致分为三类：一是政府财政拨款，因为普遍服务亏损中有相当一部分属于政策性亏损，政策性业务如机关公文传递、义务兵通信、党报党刊发行等，本身即是应当由国家承担成本的业务；另如盲人读物等，其作为邮政普遍服务的构成本身具有一定的公益性，应当由政府承担相关费用。二是从邮政行业的其他非普遍服务业务中提取，如邮储业务。三是从同质企业的收益中抽取。同质企业是

指其他从事竞争性业务如快递、物流、运输代理等的企业①。因其服务内容、服务对象和范围仅限于高收益、高利润的业务，而把行业所应担负的社会功能留给了邮政行业，这一行为被称为“撇奶油”。从这一角度出发看，2012 年底出台的《邮政普遍服务基金征收使用管理暂行办法》（以下简称为《办法》），拟向快递企业收取一定的费用有一定的合理性。

（三）理论分析并抽象建模

具体到当前我国邮政市场竞争形态来讲，邮政企业除专营业务如信函、明信片以及政策机要类外，其他普遍服务业务如包裹、报纸报刊订阅、汇兑等均与其他市场主体存在竞争。快递企业与邮政企业业务交叉范围较广，存在着“非对称竞争”态势。这种“非对称”不仅表现在双方业务范围上，在地域上也往往有所不同，邮政企业常常指责快递公司“撇奶油”行为，在高盈利地区与之展开业务竞争，而在偏远地区却不提供基本服务。《办法》在这一背景下尝试着根据快递公司的业务量按照一定比例来缴纳一定数额的补偿基金。显然，邮政企业在市场中拥有较强的话语权和谈判权，它与快递公司的地位是不对等的。两者之间的决策次序也不尽相同。快递企业经营灵活，业务产品能够适应市场，是市场的有力竞争者。邮政与快递的竞争可以运用经济博弈论的方法来阐述。因此，本书试图基于 Stackelberg 模型来思考邮政与快递企业的“非对称竞争”。

（四）模型描述与假设

简化分析，假设市场上存在一个主导运营商 A 和一个竞争者 B，主导运营商承担邮政普遍服务义务。随着邮政体制改革，政策管制、市场的发展，邮政主导运营商和竞争者在多个业务领域竞争。但限于专营范围等，邮政运营商和快递竞争企业之间形成了符合 Stackelberg 模型的竞争关系：

① A Report Prepared for the European Commission. Study on the Principles Used to Calculate the Net Costs of the Postal USO［M］. Frontier Economics Ltd，London. January，2013.

邮政主导运营商在市场中处于较优势地位，有较强的话语权和控制力，在传统业务领域依然处于垄断地位，但承担着国家范围内的普遍服务义务；而竞争型企业 B 选择在力所能及并认为有利可图的地域内与主导运营商开展充分的竞争。这种竞争往往能够提高行业效率，提升消费者福利。甚至竞争的结果能够使竞争者突破原有的业务边界，如专营范围的缩小。但这种“撇脂”行为对于邮政普遍服务义务的承担者来说是不公平的。那么竞争者如果按照业务量缴纳一定比例的收益是否可行呢？

依据研究需要并结合实际情况，进行下面的模型假设。

（1）模型的竞争只考虑主导运营商和竞争型企业之间相互关联的竞争领域业务，并不考虑邮政专营范围业务及收益情况。

（2）假设 λ 表示竞争型企业对主导运营商“撇”占业务量的比例，且 $\lambda \in (0, 1)$；主导运营商和竞争型企业各自的边际成本分别为 c_1，c_2。

（3）假设邮政主导运营商的业务量为 b_1，竞争型企业的业务量为 b_2，I 为快递企业在新兴市场（如网购等市场）单独运营的业务量；b_1、b_2 满足关系式 $b_2 = I + \lambda b_1$；假定 δ 是竞争型企业按业务量缴纳的金额系数。

（4）假设 $p = d - m(b_1 + b_2)$，其中 p 为市场价格，d 为市场基准需求量，m 为需求弹性系数。这里主导运营商和竞争型运营商进行的是数量竞争而非价格，两者之间的利润函数通过市场价格与各自的成本比较出来。本模型试图通过业务量和利润的变化来反映运营商之间的博弈。

那么，根据上述 Stackelberg 模型的假设和分析，邮政主导运营商企业和竞争型企业的利润函数分别如下：

$$\pi_1 = (1 - \lambda) b_1 (p - c_1) + \delta b_2 \tag{7-1}$$

$$\pi_2 = b_2 (p - c_2) - \delta b_2 \tag{7-2}$$

竞争型企业根据主导型运营商的业务量来选择自己的业务量 b_2，主导运营商也同样会评估竞争对手的业务量。

二、建模与求解讨论

（一）求解

现在利用逆向求解法，在第一阶段，对于竞争型运营商来说，观察到主导型运营商的业务量 b_1，最大化邮政的利润分流比例 λ

$$\max \pi_2 = b_2(p-c_2) - \delta b_2 \tag{7-3}$$

根据式（7－3），对 λ 求一阶导数得：

$$\frac{\partial \pi_2}{\partial \lambda} = d - mb_1 - 2mI - c_2 - \delta - 2mb_1\lambda = 0 \tag{7-4}$$

解得 $\lambda = \frac{d - mb_1 - 2mI - c_2 - \delta}{2mb_1}$，二阶求导，得 $\frac{\partial^2 \pi_2}{\partial^2 \lambda} = -2mb_1 < 0$，$\lambda$ 取此值时，竞争型企业利润取得最大值。

在第二阶段，主导运营商预测到竞争型企业将根据业务量 b_1 选择竞争策略情况，那么邮政主导运营商出于自身利益最大化考虑，争取其最优业务量 b_1：

$$\max \pi_1 = (1-\lambda) b_1(p-c_1) + \delta b_2 \tag{7-5}$$

将 $\lambda = \frac{d - mb_1 - 2mI - c_2 - \delta}{2mb_1}$ 代入式(7－5)并对主导运营商业务量 b_1 求一阶导数得：

$$\frac{\partial \pi_1}{\partial \lambda} = 2d - mI + c_2 - 3c_1 - 3mb_1 = 0 \tag{7-6}$$

$b_1 = \frac{2d + c_2 - 3c_1 - mI}{3m}$，同时代入 λ，解得 $\lambda = \frac{d - 4c_2 + 3c_1 - mI}{2(2d + c_2 - 3c_1 - mI)}$，那么，该模型的 Nash 均衡解为：

$$\begin{cases} b_1^* = \dfrac{2d + c_2 - 3c_1 - mI}{3m} \\ b_2^* = \dfrac{d - 4c_2 + 3c_1 + mI - 3\delta}{6m} \\ p^* = \dfrac{d + 2c_2 + 3c_1 + mI + 3\delta}{6} \\ \pi_1^* = \dfrac{(d + 2c_2 - 3c_1 + mI - \delta)^2 + 2\delta(d - 4c_2 + 3c_1 + mI) - 10\delta^2}{12m} \\ \pi_2^* = \dfrac{(d - 4c_2 + 3c_1 + mI - 3\delta)^2}{36m} \end{cases} \tag{7-7}$$

（二）讨论

1. 业务量

由于 $b_1^* > 0$，$b_2^* > 0$，$2d + c_2 - 3c_1 - mI > 0$，$d - 4c_2 + 3c_1 + mI - 3\delta > 0$，对于 λ 来说，$\lambda > 0$，则 $d - 4c_2 + 3c_1 - mI > 0$，$(d - 4c_2 + 3c_1 - mI) - 2(2d + c_2 - 3c_1 - mI) = -(3d + 6c_2 - 9c_1 - mI) < 0$。

因此，$\lambda < 1$，此时邮政企业和快递企业在业务交叉领域达到纳什均衡，此时，双方的利润达到了最大化，那么其业务量比较如下：

$$b_1^* - b_2^* = \frac{d + 2c_2 - 3c_1 - mI + 3\delta}{2m} < 0 \tag{7-8}$$

说明达到均衡时，快递的业务量仍比邮政企业要低；主导运营商的业务量与缴纳金系数 δ 无关，而竞争型企业的业务量会随着缴纳金系数 δ 的增加而减少。这可以理解为竞争型企业因为额外成本的增加，失去了部分竞争力。

2. 利润水平

比较两个运营商之间的利润大小，可以得到：

$$\pi_2^* - \pi_1^* = 6(c_1 - c_2)(2d - 2c_2 + 2mI - 7\delta) - 2(d - 4c_2 + 3c_1 + mI - \delta)^2 + 3\delta^2 \tag{7-9}$$

在利润水平方面，两运营商之间的差距则取决于双方的边际成本大小等因素。从式（7－9）中看较难比较两者之间的大小。但依然可以看出在偏远的中西部地区，由于竞争型企业投入成本较大，$c_1 < c_2$，那么企业的利润水平比邮政主导运营商要低许多，甚至不盈利，此时$\pi_2^* < \pi_1^*$；在中东部高盈利地区则相反，竞争型企业的边际成本要小，$c_1 > c_2$，竞争型企业的利润水平逐步接近甚至超越邮政主导型企业。这一结果显示了当前邮政与快递企业“非对称竞争”的现状。

3. 缴纳金系数δ的确定范围

对于δ的取值，缴纳金系数的确定是目前争议较大的。缴纳比例过高，一方面，会阻碍整体行业效率的提高，削弱主导运营商和竞争型企业变革创新的积极性；另一方面，从市场均衡价格的表达式中可以看出市场价格p与δ呈正比例关系，缴纳金系数取值过高会损害消费者福利，额外成本转嫁到消费者身上。这些都与邮政行业市场化改革的最终目标不符。笔者认为，衡量取值标准至少应兼顾公平和效率这个标准：第一，尽可能避免运营商效率的损失，尽可能不影响现有企业的发展，保护承担邮政普遍服务义务运营商和竞争型企业发展的积极性；第二，应细化对不同业务的缴费系数值，对需求弹性相对较低的业务收取比需求弹性较高的业务更高的收益，并且这个缴纳费用标准应随着市场的变革而做出相应的变动，以适应市场的变化。

按照上述原则，缴纳金系数δ应满足不等式$\lambda b_1(p-c_1) \geqslant \delta b_2$，即竞争型企业“撇占”主导运营商的利润应大于等于上缴金额。此时，$0 < \delta < \frac{d-4c_2+3c_1-5mI}{9}$。

上述Stackelberg模型的优点在于能够通过参数λ、δ分别表示了竞争型企业“撇占”行为以及征收金额来考察运营商之间的博弈过程并验证征收办法的可行性。分析可以发现，利润重新分配的结果主要由该竞争业务的市场基准需求量、主导运营商和竞争型运营商各自的边际成本和竞争型企业新兴业务量、缴纳金系数等共同决定。达到均衡时，主导运营商业务量仍高于竞争型企业业务量；但其利润的大小在其他条件不变的情况下主要决定于各自的边际成本。缴纳金系数的确定非常重要，需兼顾公平与效率标准。其取值应经过一定的测算，控制在一定范围以内，否则会造成市场新的不平等。这一模型较好地描述了邮政竞争市场“非对称”态势，对于双方而言，降低成本，继续优化业务领域、提供行业业务运营效率是保持利润率、扩大业务量的根本措施。这一模型可以较好地说明建立邮政普遍服务补偿基金缴纳方案有一定的合理性和可行性。

三、结论与建议

建立邮政普遍服务基金虽然是趋势，但到目前为止并没有在大多数国家得以推行。因此，我国监管机构需要借鉴其他国家的经验来制定和推行合理的政策，以促进邮政普遍服务的发展和实施。

市场化程度高的欧盟成员国虽各有不同，但均建立了一套适合于本国的补偿机制。完全开放市场化的国家和地区并不使用外部资金来支持普遍服务。比利时政府规定支付普遍服务义务净价成本资金仅来源于国家而非其他邮政服务提供商。意大利向许可证持有者征收其营业额的3%作为补偿金的一部分，2004 年这一数额达到了 10 万欧元。德国邮政法律允许以投标的方式产生普遍服务提供商，但至今为止，德国邮政依旧保持着强劲的垄断地位（张万丽等，2012）。但德国邮政的市场化改革也并不尽如人意，市场化后，邮局数量由最多时的2.9 万家于2005 年减至1.3 万家，目前仅剩约 5000 家，而且邮政资费也大幅提高，从而引发许多社会问题。在电信普遍服务基金方面运行较为规范的美国并未打算建立邮政普遍服务基金，应对国营企业 USPS（美国邮政厅）亏损的办法主要靠国会拨款税金以及提高邮资。2004 年，日本邮政转为独立核算的经济实体的内部补贴不再实施，但为维持邮递事业和方便国民享受服务，在邮政民营化后的日本邮政控股集团公司设置资金规模在1万亿日元以上的社会地域贡献基金用于支持邮政事业，基金来源于邮政储蓄银行及邮政保险公司股权出售和基金的投资收益。

从我国现阶段的实际情况出发，并参照国外邮政补偿普遍服务的先进经验，笔者提出以下建议。

（1）向民营快递企业征收普遍服务基金并非不可以，并且该方案有一定的可行性。现有的普遍服务专营范围已经日趋变窄，仅剩信函、政策类业务，并且这类业务基本属于亏损普遍服务业务，快递企业无法承担这一责任。快递企业在专营范围外（同城50克，异地100克）的函件、包裹、报纸、杂志类均与中国邮政有竞争，竞争形态上具有“撇奶油”的特征。从现实意义上看，“开放邮政专营是实施基金征收的前提”这一观点是伪命题。现阶段取消邮政专营，公民的基本通信权无法得到最基本的保障。

（2）单纯从民营、外资快递企业征收普遍服务基金的做法不妥当，缴纳比例的确定也应经过充分论证。EMS作为国有快递物流，从市场公平公正竞争的角度来讲，应与其他民营企业、外资企业一道承担这一比例的邮政普遍服务补偿。单纯从民营快递企业征收的做法涉嫌不正当竞争。

（3）财政补贴不可或缺。对于邮政普遍服务政策类亏损，如党刊报刊、机要通信、义务兵函件等业务可以采取价格补偿或财政补贴。根据相关数据调查，政策类别的普遍服务亏损约占总亏损的一半，因此这类担负着国家义务的普遍服务需要由政府财政来承担。

（4）参照西方国家的一些合理性做法，国有股份减持变现来扩大补偿基金来源途径。比如，日本邮政市场化改革设立社会地域贡献基金的做法，将中国储蓄银行和邮政速递物流上市后出售的股份资本拿出一部分补充到邮政普遍服务基金。这种做法可以为维持邮政网络的运行提供稳定可靠的资本来源。

（5）科学规范的邮政普遍服务成本核算与监审制度建设刻不容缓，如果没有透明可靠的成本计算体系，那么邮政普遍服务基金的建立就会大打折扣。同时探索建立有效的激励机制，在保障普遍服务能力和服务标准的前提下，促使邮政企业降低普遍服务成本；制定补偿基金使用监督体系，理顺财政部门、邮政行业主管部门以及邮政企业的关系，细化邮政普遍服务补贴项目，增强资金的使用透明度。

第八章

电子商务背景下快递业发展趋势及对策建议

一、现阶段快递业发展趋势

（一）快递业垄断程度进一步提高

2018 年，与快递相关的纪录屡被打破。这也直接反映在各家快递公司的年报中，2018 年 7 家快递公司营收和业务量均有显著提升。不过，伴随市场竞争的持续加剧，“通达系”（中通、圆通、申通、韵达）的单票收入却仍普遍下滑。

除“通达系”外，老大哥顺丰和京东物流依然是两股不可忽视的力量，2018 年顺丰营收近千亿元，并豪赌未来进军综合物流服务公司。京东物流虽然不包括在 7 家上市快递公司体系之内，但也与这几家快递公司在各业务层面短兵相接，形成“三方割据”之势。

2018 年，阿里分别投资中通、加注圆通，并在 2019 年 3 月正式入股申通；而拼多多等社交电商的崛起，不仅为快递公司在传统电商平台之外提供了多元化选择的空间，更创造了巨大的增量。

而在几家头部快递公司竞逐火热之时，二三线快递公司则走向另一个极端。2018 年以来，曾经的黑马快捷、全峰、国通快递等，或黯然落幕，或一地鸡毛，令人唏嘘。

中信建投中小市值首席分析师陈萌表示，快递行业经过近 10 年的高速发展后，如今已经过了拼网点数量、人员数量的时期，而是进入了拼技术、拼精细化管理的时期，我国的快递行业市场集中度将继续提升①。

1. 单票收入持续下降，科技含量提升

整体来看，“通达系”快递公司的营收水平有显著提高，营收和净利均实现了两位数增长，如表 8 - 1 所示。值得注意的是，在已发布年报的上市快递公司中，几家快递公司均将科技投入作为一个重点投资项目。中通在 2018 年年报中表示，将把加大基础设施和智能科技研发的投入作为接下来的目标。圆通也表示将加大研发投入，构建物流信息共享体系。

表 8 - 1　“通达系”快递公司 2018 年年报业绩

	营收（亿元）	净利润（亿元）	营收增长率（%）	净利润增长率（%）
中通快递	176.04	43.83	34.80	38.72
圆通快递	247.65	19.04	37.45	31.97
申通快递	170.14	20.49	34.42	37.73
韵达快递	138.56	26.98	38.76	69.76

资料来源：上市公司 2018 年年报。

2018 年，“双十一”当天快递单量达到 10 亿件，中国物流协会特约研究员杨达卿表示，快递企业唯有数字化、智能化才能应对持续攀升的业务规模，需要逐步构建人、车、仓、货的数字化和互联互通。实际上，不仅是快递企业，整个物流行业都在迎接科技化带来的全面洗礼。

① 每日经济新闻．快递业江湖从“春秋”进入“战国”！以后寄东西会更便宜吗？［EB/OL］．http：//www.ce.cn/cysc/newmain/yc/jsxw/201905/04/t20190504_31991571.shtml.

不过，在科技含量正在逐渐提高的同时，2018 年各家快递公司的单票收入依然持续下跌。过去，快递市场一度出现“以价换量”的恶性竞争，快递单票收入一路下滑，快递行业也一向被看作技术含量较低的劳动密集型产业。近两年，随着头部快递公司纷纷上市，市场日渐规范化，恶性竞争有所缓解，但由于市场竞争持续加剧，行业单票收入仍在普遍下滑。

对此，中信建投中小市值首席分析师陈萌表示，单票收入下降的原因主要是现在快递公司还处在争夺市场份额的阶段，需要通过降价来获得更多的客户。另外，GPS、电子面单、配送网络优化、自动化分拣中心等技术的应用，降低了单票成本，也为降价提供了空间，没能做好成本管理的快递公司将逐渐被淘汰。她认为，快递价格下降的情况还将维持几年。

2. 高管大调整，家族标签弱化

“通达系”占据了中国快递市场总收入的半壁江山，而几家公司的创始人均来自浙江省杭州市桐庐县，外界称其为“桐庐帮”。从作坊式、家族式企业起家，“通达系”的成长过程和存在的问题都颇具代表性。行业特性成就了它们的野蛮成长，而野蛮成长下的管理缺失也日渐显现。现在，几家公司似乎都开始有意撕下这个家族化的标签。

与往年不同的是，2019 年“通达系”快递公司中，申通和圆通在披露年报之余，同时公布的还有高管重大调整公告。

其中，申通在公告中表示，陈德军因个人原因申请辞去公司总经理职务，辞职后将继续担任公司董事长、董事会战略委员会委员、审计委员会委员职务。曾先后担任申通快递副总裁、天天快递常务副总裁及江苏苏宁物流副总裁的陈向阳将担任申通快递总经理。无独有偶，圆通也公布了公司重大人事变动，公告显示，圆通董事局主席兼总裁喻会蛟申请辞去公司总裁职务，仍继续担任公司董事局主席，负责战略规划；云锋基金董事总经理、圆通速递董事潘水苗获聘担任公司总裁。在两家公司新任高管中，无论是申通的陈向阳还是圆通的潘水苗，均有丰富的快递行业从业经历或投资经历，可谓当之无愧的快递“老兵”。

对于“通达系”的集体高管调整，杨达卿认为，家族快递企业靠自我调整建立现代企业治理制度是个缓慢过程，资本介入并带入职业经理人对“通达系”有更多积极意义。陈萌也认为，对于“三通”而言，职业经理人的引入有利于企业管理朝着更科学、更高效的方向发展，行业集中度将进一步提升。

值得一提的是，2018 年 6 月，阿里巴巴联合菜鸟以 13.8 亿美元入股中通，加速新零售和新物流的整合。此外，阿里还联合圆通、中国航空（集团）有限公司总投资约 120 亿港元在香港建设一个世界级的物流枢纽，并在 2018 年底加注圆通。2019 年 3 月，阿里强势投资申通，在将“三通”揽入怀中之后，“通达系”的高管层中也多了不少阿里的身影。

对于圆通来说，除了公司总裁，来自云峰基金的黄鑫也被提名为董事。而此前，菜鸟网络总裁万霖也已成为圆通董事。由于潘水苗、黄鑫与万霖皆有着阿里巴巴资本的背景，所以也有业内人士认为这也是阿里巴巴提高在圆通话语权的表现。

（二）“拼多多”们崛起，扩大快递市场规模

在“三通一达”加紧抢占市场份额的同时，以拼多多为代表的社交电商崛起，成为带动快递业务量的新动力。

国家邮政局数据显示，2018 年全国快递服务企业业务量累计完成 507.1 亿件，同比增长 26.6%，比 2017 年增长 106.5 亿件。多家券商国内快递市场研究报告一致认为，近两年迅速崛起的电商平台拼多多为国内快递市场增长提供了重要推动力。拼多多最新披露的 2018 年年报显示，拼多多移动平台总订单达 111 亿笔，比上年同期的 43 亿笔增长了 158.14%，平台日均订单量从 2017 年的 1180 万笔上升至 2018 年的 3040 万笔。招商证券交通运输研究团队报告测算也表明，拼多多是近两年拉动电商快递业务增长的最主要动力。

对此陈萌表示，拼多多和社交电商的崛起确实降低了“通达系”对淘宝、天猫的依赖。但是“通达系”的快递是由电商平台上的商家自己选择的，而且快递费也是由卖家支付。所以，快递公司对卖家的话语权要比快

递公司对电商平台的话语权更重要。

阿里对“三通”的悉数投资、“通达系”内部竞争日渐激烈、拼多多等新兴平台兴起带来的增量市场，都是2019年“通达系”公司之间竞争的看点。双壹咨询研究报告认为，随着二三线快递企业的逐步退出，快递行业整合基本完成第一阶段，而整合第二阶段早已开始，整合影响预计从2019年起逐步显现。中通和韵达的头名之争越发越烈，而为了获得比前两年更高的件量增速，3～5名的快递公司也将采取较为激进的竞争策略。

中通表示即便已连续三年坐稳市场第一的位置，仍在想方设法拉开第一名与其他几名的差距，确保稳定市场份额的同时，获取更大规模效益。

“快递行业经过近10年的高速发展，已经过了拼网点数量、人员数量这种人海战术的时期，而是进入了拼技术、拼精细化管理的时期”。陈萌表示，“通达系”市场占有率的拐点在2017年就已经出现，而单票收入的拐点或许还需再等几年。

（三）快递二三线公司面临“生存危机”

在“通达系”之外的快递江湖，顺丰、京东物流也走出了属于自己的发展道路。

“三通一达”之外，顺丰是一个无法绕开的存在。公司年报显示，2018年，顺丰控股实现营业收入909.43亿元，扣除非经常性损益后净利润34.84亿元。业务量方面，2018年，顺丰累计完成38.69亿票，同比增长26.77%，日均业务量破千万单。同时，顺丰在2018年分别牵手夏晖、招商局和中国铁路总公司，随后顺丰又以55亿元收购敦豪香港和敦豪北京的100%股权，正式入局供应链领域。中信建投中小市值首席分析师陈萌表示，跟“三通一达”不同，顺丰在向上游拓展供应链管理服务，转型物流综合解决方案供应商①。

---

① 鞠鹏. 移动互联网产业链竞争合作研究——基于运营商视角［D］. 南京：南京邮电大学，2012：1－10.

此外，虽然不在7家上市公司系统之内，越发开放的京东物流也正在成为一股不可忽视的新生力量。在2017年独立运营之后，京东物流在2018年获得高达25亿美元的融资，开始在快递、快运、大件、冷链等方面持续发力，并在个人快递、快运业务上与“通达系”、顺丰等公司直接竞争。

过去的中国电商互联网黄金10年，快递公司迎来了最佳发展期，物流领域形成了崭新的竞争格局。阿里、京东等电商系物流平台崛起，“通达系”、顺丰等传统物流则在对上下游进行延伸布局。

2019年3月，百世快运明确2019年的发展目标——All In电商。与此同时，更名后的德邦快递也将进军快递行业，与顺丰、“通达系”、百世等快递公司开启全面竞争。

物流行业的整体发展都是往供应链企业发展的，随着物流各个配送运输环节的打通，单环节企业的优势会被削弱，需要企业具备上下游数据的穿透力和核心枢纽控制力。如果自己不具备做大做强的能力，依托大平台发展依然有上升空间。

当一线快递公司、电商系物流平台争霸一方时，二三线快递公司却陷入了生存危机。自从2018年3月快捷快递与申通快递合作“破裂”、快捷快递全国网点彻底停摆之后，全峰快递、如风达等曾经的黑马快递公司一个个黯然走下历史舞台。

数据显示，从2018年上半年整个市场来看，超七成的快递市场份额已经被资本化的快递头部企业掌握，剩下的十余家快递品牌的市场空间不足三成，二三梯队的快递品牌生存日趋严峻。贯铄企业CEO、快递专家赵小敏表示，资本化加速了快递企业上岸，但是没有实现上市的快递公司未来3~5年很难有大的发展，2019年还会有更多企业面临更为严峻的挑战。

实际上，无论是快捷快递、全峰快递还是其他失败的快递公司，都有一个共同点——在企业加速资本化时，对市场的价值、流量、经济环境和政策的判断有较大的失误。多家券商研报指出，2019年快递行业竞争的“马太效应”难以逆转，“通达系”等上市快递企业市场占有率会继续提升，并向下挤压未上市快递企业的生存空间。

不过，幸存的快递公司也都在寻找最后的生存之道。2019 年以来，安能快递全面转型安锐速运，砍掉了曾被寄予厚望的快递业务；因为业务暂停一度陷入舆论风波的国通快递则在官方声明中承认，2018 年以来，确有二三线快递公司退出，现存的也大多举步维艰，同样面临着可能被行业和市场淘汰的局面。对于二三线快递公司未来的发展，赵小敏表示，未来大物流、供应链体系是主要趋势，物流公司的数字化非常关键，而如果想“单打独斗”，完全做行业专业区域或者细分领域也会有一定的机会①。

二、企业层面的对策与建议

（一）快递产业

快递行业从诞生到目前为止，虽然世界各国发展不平衡，但从总体来看，该产业已经发展成为一个举足轻重的产业，在国民经济中的地位与日俱增。根据国家邮政总局统计数据显示，2008～2018 年年均增长率达到了 37.64%。② 我国自 2014 年开始已经连续 5 年成为快递第一大国。

快递产业的迅速发展不是偶然的，要分析原因，就需要分析影响快递产业发展演化的决定因素。这些因素包括需求、供给、技术、竞争、协作、制度、领导团队等。

需求是产业演进的主要原动力。从需求方面来看，影响快递产业发展的主要因素有 GDP 发展水平和增长速度、信息与互联网发展、消费者偏好、物流发展等。自 2003 年我国加入世界贸易组织以后，电子商务 B2C/

① 鞠鹏．移动互联网产业链竞争合作研究——基于运营商视角［D］．南京：南京邮电大学，2012.

② 2008～2018 年国家邮政行业运行情况［EB/OL］．http：//www.spb.gov.cn/xytj/tjx.

C2C 出现井喷式的增长，为我国快递业的发展提供了强劲的需求，尤其是我国民营快递企业“通达系”等。

供给是快递产业演化的保证。从供给方面看，影响快递发展的主要因素是资金投入、技术约束、人才供给和交通运输网络特别是航空与高速公路的发展。快递业直接推动公路、铁路、航空不同程度的发展，特别是推动航空货运业的大发展。顺丰等民营企业相继成立属于自己的航空公司，从硬件层面加大了市场的供给能力。

产业技术创新和扩散影响产业演化路径，如某个企业通过创新机制产生新生产技术、新管理技术等，并运用到生产活动中，若企业经营失败，则创新就可能扼杀在摇篮之中；若获得成功，就会产生很好的示范效应、技术溢出效应和先期市场开发效应，其他企业在预期高利润的驱使下，通过模仿、创新进入这个领域，从而形成新的产业组织结构。快递企业加盟制度的创新扩散，极大地影响了我国快递产业的演化路径。我国桐庐县是著名的快递产业集群城市，“三通一达”包括天天快递企业在内，桐庐人占多数，总从业人员 21.6 万，年销售额超过 300 亿元。快递加盟制度结合桐庐地域文化优势使得上述民营快递企业发展初期在加盟制模式下更具凝聚力，遵守共同的游戏规定，相互学习，相互模仿，共同发展。同一时期其他全国性加盟快递企业往往因为没有凝聚力而夭折。

合作与竞争是快递产业演化的动力源。快递企业间的竞争使得产业能够优胜劣汰，推陈出新。合作与协同则是不仅需要快递企业内部间联合、合作、协调的行为，还需要跟整个电子商务生态系统进行无缝隙对接，更需要协调好与网商之间的利益分配以及与电子商务的信息化协同。竞争是合作的前提与条件，这种相互间的竞争关系以及共生关系推动了快递产业有序演化。因此，在电子商务背景下快递产业发展演化不仅仅需要技术创新和制度创新共同演进机制，同时也需要快递企业与电子商务其他种群间良好的合作与竞争机制。

快递企业要不断推进技术创新、服务创新、市场创新以及网络创新。传统的手工方式已不能满足行业发展的需要及跨行业联动的科技需求，急需加强自身建设特别是科技方面的装备建设。因此，只有加大对科技的投入，改造生产作业系统，积极开发更为先进有效的信息系统，才能提高效率，满足电子商务快速发展的要求。在信息网络时代，影像监控、快件分拣、手持终端把枪（PDA）等技术日趋成熟，CTI 计算机电话集成、GIS 地理信息系统、GPS 全球定位系统、RFID 射频识别、GPRS 通用分组无线业务、无人投递车技术、绿色物流等的逐步投入应用，信息技术日趋成熟，为优化快递服务处理流程提供了基础。快递企业的信息化创新需要建立起快递物流信息采集、处理和服务的交互共享机制，加快行业和区域以及全国信息平台建设，构建各类电子商务、物流平台，完成各系统之间的数据交互。

快递企业应不断提高服务质量，在服务内容、服务流程以及服务品牌方面进行不断探索。快递企业应多做市场调查，对快递市场进行细分，据此制定自己的服务原则并创新服务内容。一是要严格执行《快递服务标准》，提高服务的规范程度，提高服务人员的综合素质；二是要设置更为密集的服务网点，逐步扩大网络覆盖面，构建快递网络配送体系，以适应电子商务快速发展的需要和满足消费者的需求。快递企业应加强产品差异化，提高服务质量，降低消费者对快递价格的敏感程度。产品差异化策略能够较好地削弱价格竞争，增加企业利润。快递企业往往在迅捷性和价格方面竞争尤其在企业扩张期对软实力方面不太在意，造成“暴力分拆”“态度恶劣”等诸多投诉。那么提高服务水平，提高卖家对快递企业服务的认可度，培养起购买偏好，最终达到稳定和扩大客户源，也是企业面对同质化情况下价格竞争的策略之一。

在市场创新方面，就是通过刺激、寻找、发现、满足消费者的需求，从而达到市场创新的目的。由于快递产业在不断发展的过程中，技术水平、消费者需求、产业供给等因素也都在不断发生变化，这就带来快递市场发展的不确定性，使快递企业收集市场信息和分析预测市场需求时存在困难。企业提供的快递服务种类不可能是非常全面和一步到位的，这就需要快递企业在推出某项项目后，不断进行改进和提高，使这项新业务成为新的利润来源。因此，企业需要加强市场开拓能力。市场创新的内容包含两个方面：一是塑造产业的竞争规制，快递产业作为新兴产业，其基本特征是缺乏统一的成熟的产业规则，这是由技术不确定、企业战略不确定、市场不确定等基本因素决定的，但规则的有力与否直接关系企业进行市场创新的能力，因此快递企业进行市场创新面临的首要问题就是探索建立快递业竞争规则。这些规则包括业务范围、服务质量、服务规范以及价格等，使整个产业能够在一个有序的条条框框下进行市场开发。二是开拓新的客户资源。

（二）电商企业

电商企业应积极有效地把握产业链的每一个环节，增加消费者对物流的参与程度，给予消费者更多的知情权，以便选择优秀的企业服务产品。这一措施的本质是尽最大可能消除不完全信息给市场交易带来的负面影响。电商一直是快递业发展的最大动力，增加对快递物流的评价体系，可以给消费者以更多的选择权来选择所服务的对象。这样那些服务质量不佳的企业就会认真提高服务质量来保住市场占有量，改进改善诸如货物丢失等快递业较多的问题。快递业与外部组织之间会形成良性互动，而电商企业可以更好地专注于整体的运营，组织间能够共同推动系统的发展与演化。

电子商务平台企业作为第三方，有责任与义务为参与主体提供合理、公开透明、多赢的交易体系，建立健全行为约束机制，整合资源与各方协商解决利益分配问题：一是建立健全快递企业信用评价体系，使消费者有一定的快递服务自主权，对于所选企业的综合评价透明化，让消费者有一定知情权。二是在前者基础之上建立快递服务价格体系，使交易费用透明化。三是建立合理的利益分配机制。核心就是服务责任的细化与确权，将网商的包装费、服务费与快递企业的快递费区分开来，使消费者、网商与快递企业权责利一致，有章可循，同时也能约束网商的不正当行为。

（三）双方应建立起协调沟通机制，建立平等互利的协同平台

电子商务业子系统和快递业子系统应该是彼此开放的系统，如此才能实现快递物流需求和供给信息的顺畅流动，因此建立良好的沟通协调机制是必要的。电子商务企业与合作的快递企业应搭建双向沟通的渠道，实现信息系统的对接，最好做到专人负责、定期交流。

快递企业可以与电子商务企业构建合作发展平台，签订战略合作框架协议，建立战略联盟合作关系，实现合作共赢。此外，快递企业也可以与电子商务企业开展联合经营或者兼并重组，实现双方资源优势互补，促进产业链、供应链和服务链的一体化整合，形成利益共享的产业链。

三、政府层面的对策与建议

从现实情况来看，我国快递行业还处于发展的初中期，要达到发达国家快递行业的服务水平还有很长一段路要走。电商市场上存在着企业间恶性竞争、损害消费者权益行为、信息不对称、物品丢失等市场失灵的现象。为了实现资源配置效率与分配效率的最优组合，确保整个行业和各个企业运行效率、市场平衡稳定化，保护消费者以及从业者的财产和人身安全，国家对快递产业实施管制是非常必要的。

管制分为经济性管制和社会性管制。经济性管制的目的在于优化资源配置效率和确保市场公平有效。它是由政府在相应的法律权限下指定相关职能部门对从业企业的市场准入与退出、价格、服务质量、投资等行为进行管制。经济性管制一般运用价格、市场准入门槛和质量控制等手段管理市场参与主体，抑制不正当竞争行为的发生。社会性管制的目的在于保护消费者以及从业者、公众的健康和安全。主要内容是在一定法规限定的职

权范围内，对企业造成的诸如产品危害、工作场所环境等内部和外部性的行为实施管制，可分为保证人身财产和生命健康安全、防止公害和保护环境四类；主要手段以法律和行政手段为主，一般不采用价格手段，其他社会性管制措施包括税费、惩罚措施、公共投资与支付以及信息政务公开等。

从快递产业的发展脉络来看，我国政府管制的主要内容是快递行业的市场准入与退出以及产品定价问题。这些属于经济性管制的范畴。随着行业的发展以及情况的多样化，管制也会对环境保护、产品质量安全以及社会问题越来越关注。

在经济性管制方面，政府应加强在价格、服务质量以及投资等方面的监督作用。

（1）政府应构建良好公平竞争的法制环境，加强价格管制。价格管制的主要目的在于防止企业间形成价格串谋、操纵市场价格、恶性竞争、侵害消费者利益的行为发生。政府应该致力于为企业竞争构建“鼓励竞争，限制垄断”的良好环境。在快递业发展的过程中，价格竞争和数量竞争是最有效的手段，数量竞争是价格竞争的前提和保证。恶性竞争损害的最终是消费者和企业的利益，因此，需要对快递产业的恶性价格竞争实施管制。我国电商市场上的市场竞争格局正由垄断竞争向寡头垄断过渡。几家大型快递企业控制了绝大部分快递市场的份额。因此，实施价格管制可以维护正当的市场竞争，防止不正当行为的发生。美国快递业在初期被允许寄送“特别紧急”的信件快递服务时，价格方面的管制表现在只有那些价格至少为 3 美元或者邮政基础资费 2 倍以上的信件才可以被视作特别紧急的信件，通过快递企业进行递送。这种价格下限与我国所采取的重量下限的目的都是一致的，目的在于防止快递企业的竞争损害邮政普遍服务的利益①。

（2）政府部门应加大监管力度，引导产业发展。政府应整体考虑两业

① 苑春荟，韩军涛．我国邮政普遍服务基金征收问题探讨．［J］生产力研究，2014（3）：143－147.

联动发展，在快递业的用地、税收方面给予更多优惠，营造有利于快递业有序发展的政策环境。快递产业的健康发展需要政府、行业协会、消费者协会等企业外部主体的监督管理，不同的监管主体从不同的角度出发，起的作用不同，其重要程度也不尽相同。政府监管是政府对快递市场进行的直接干预和管理。政府监管是对消费者保护的最后一道屏障。因此，政府在积极引导行业自律的同时，还应该创造良好的条件和环境使消费者能够有效地维护自身的权益。

（3）在达到一定目标的基础上，政府应有条件地推进电商与快递业的协同战略一体化。促进电子商务供应链上各个主体共同制定协同战略目标，建立以消费者为导向的合作机制。各个主体相互组织和协调，推动信息和资源共享，促进企业整合和行业联合，为消费者提供整合的电子商务服务。在建立协同战略目标的基础上，供应链上各个主体再依据协同战略目标制定自身的战略目标。电子商务供应链上的所有成员企业之间是一个跨组织、利益共享、风险共担、既独立又合作的虚拟企业，其战略目标与内容必须兼顾所有成员企业的利益得失，必须考虑所有成员企业所处的经营环境和企业文化，不能以牺牲其他成员企业的利益为代价而使自己的企业获得暴利，它的最终目标是通过所有成员企业的协同为消费者提供整合的服务，从而实现多赢的局面。

我国快递业还在飞速发展，与电子商务的共生互惠将以更多的形式存在。快递业依然面临着巨大的挑战和机遇。

四、本章小结

合作与竞争是快递产业演化的动力。从多方面入手来促进我国快递业的发展。首先从影响快递业发展的决定性因素进行分析，指出需求、供给、技术、竞争、协作、制度、领导团队等因素对快递业的发展起了重要的作用并一一作了分析。电子商务平台企业作为第三方应为市场参与主体提供合理、公开透明、多赢的交易体系，建立健全行为约束机制，整合资源与各方协商解决利益分配。最后从政府层面提出一些规制建议。

第九章

总结与展望

一、总结

本书从我国电子商务背景下快递业协同发展着眼，微观上厘清快递企业与网商以及电子商务运营商等市场主体的相互关系，分析讨论出现的问题与矛盾；中观上分析电商市场快递业价格形成机制、市场主体如何竞争合作、利益如何冲突以及影响如何等，探讨其作用机制，实现促进快递业协同发展；宏观上研究促使快递业协同发展的对策与建议，从快递企业层面、电子商务运营商等企业层面，从政府规制快递业政策层面多角度多方位地进行探讨。

（一）对电商市场快递价格形成机制进行研究

首先，分析了快递服务定价的内涵与特征，阐述了快递服务定价的一般原理与方法。其次，指出当前我国快递市场结构正由垄断竞争向寡头垄断市场过渡，快递服务的定价不仅要考虑成本，还要更多地受企业间的竞争影响。当前我国电商市场快递价格形成机制有两类：一是价格推荐机制；二是市场竞争机制。

在电商市场快递价格形成机制的研究中对参与价格形成的市场主体——电商平台运营者、接入快递企业、网商（主要是指 B2C 和 C2C 市场上的卖家）、消费者所起的影响作用进行了分析；并立足我国实际情况，构建不完全信息条件下的电商市场快递需求函数，指出该模型存在让双方都达到利润最大的均衡。模型结果显示，价格敏感系数越大，快递企业的均衡利润越低。网商对价格的敏感程度越高，价格差异造成的订单量差异也就越大，那些定价较高的企业被迫降低价格以提高销售量和利润；反过来讲，如果企业想提高均衡利润，那么需要采取适当的对策来降低商家对价格的敏感程度。

引入完全信息条件下的伯川德模型较好地说明了对于同质化企业来说实施价格竞争最终会使得彼此都没有利润。最后讨论了快递企业价格联盟的不可行性。

通过完全信息条件与不完全信息条件下的建模分析，得出电商市场的快递企业缺乏非价格竞争的行为能力。针对这一问题，最后提出了一些促进快递企业竞争理性化的对策与建议。

（二）对电子商务中网商与快递企业利益协调问题进行研究

针对电子商务产业链中网商与快递企业利益分配问题进行了分析，在两者之间交互关系的基础之上，建立了基于代理方法的两阶段博弈模型。主要目的在于研究分散决策下异质快递企业的竞争对网商价格选择策略的影响。该模型中网商代理与快递代理分别以自身利益最大化来调整自己的行为决策：网商做出有利于自身的价格决策；同时异质快递代理根据市场的变化来调整自身的经营策略。本书选取 FABLES 多代理仿真建模软件，模型实现并仿真。

1. 实验 1

在“Courier Agent 之间的竞争对模型系统的影响”的实验 1 中，通过设置 A、B 两组不同数量的配送代理，我们观察到：

（1）强风险偏好的企业所得利润比弱风险偏好的利润高，风险偏好不同与企业的战略有关。结合现实网购市场，我国民营快递企业的风险偏好比国有、外资都要高，民营企业通过增加供给产量能够迅速发展壮大，采取低成本、高产量的办法来扩大市场占有率，积累自身发展的资源。当然这一方式也是以牺牲一定的质量来换取的。

（2）竞争越激烈（快递数目越多），快递代理的平均利润总和越低；快递企业增加的总产量波动越来越大；因此对于电子商务平台来说不宜引入过多的快递企业，这会进一步扰乱现有的市场格局。

2. 实验 2

在“分散决策下 E – retailing Agent 的对模型系统的影响”实验 2 中，它与实验 1 的区别在于，网商代理 E – retailing Agent 保持了两类初始价格不变；而实验 2 中，网商代理与快递代理均以利益最大化为目标。

在这种模式下，不论强弱风险偏好的配送代理，其利润水平急剧下降，网商的利润水平得到了极大的提升。实验的结果与设计初衷和实际情况相符。

通过这一模型，我们可以看出：在交互的过程中，网商有较大的优势；作为电子商务运营者来说，有责任与义务为参与主体提供合理、公开透明、多赢的交易体系，整合资源与各方协商解决利益分配问题，考虑建立一种网商、消费者以及快递企业的多方协调制约机制，核心就是服务责任的细化与确权，将网商的包装费、服务费与快递企业的快递费区分开来，使得不论消费者还是网商与快递企业权责利一致，有章可循，同时也能约束网商的不正当行为。

（三）对快递与电商的合作竞争进行研究

通过案例的分析方法，对快递与电商的合作竞争进行了阐述，双方共生协作相互推动发展，但又存在着竞争。

结合第二章中的相关理论，指出快递业与电子商务是互惠共生的关系。本节通过生态种群竞争模型，建立了非对称和对称两种快递与电商互惠共生模型。在非对称模式下，电子商务大企业处于主导地位；在对称模型下，快递企业与电商企业的差距不大。在非对称互惠模式和对称互惠模式下，快递企业与电商企业相互共生依存的关系。通过建立方程组，求解了两种模式下的系统稳定平衡解。通过“最后一公里”的案例研究，说明了两者的合作竞争共同推动着快递与电子商务螺旋发展。

二、进一步研究及展望

基于上述研究的局限与不足，本书拟对后续可能的研究进行探索。

（一）理论模型的进一步拓展

为了获得更丰富的研究结论，可以考虑对本书的两阶段模型进一步拓展。以网商与快递代理为基础，引入消费者与平台公司代理，建立一个完备的仿真系统；将对利益协调机制进行研究，并代入验证等。

（二）对快递业与电子商务的协同效应和协同度进行研究

通过本书中的发现，可以利用 LV 模型对快递业与电子商务的协同效应进行研究，本书的成果可以应用到下一阶段。同时，可以根据协同学，计算得到近几年来快递与电子商务的协同度。

附录1

快递客户感知价值调查问卷

尊敬的先生/女士您好：

感谢您在百忙之中抽出时间填写这份问卷，本问卷是一份学术调查问卷，旨在研究快递企业的客户感知价值，问卷内容仅供学术研究之用，请放心填写。再次感谢您的参与和支持，祝您学习进步，工作顺利！

第一部分：基本信息

1. 您的性别

A. 男　　B. 女

2. 您的年龄

A. 18岁以下　　B. 18~25岁　　C. 26~35岁

D. 36~40岁　　E. 40岁以上

3. 您的最高学历

A. 初中　　B. 高中　　C. 专科

D. 本科　　E. 硕士及以上

4. 您工作所在行业

A. 制造业　　B. 零售业　　C. 信息产业

D. 对外贸易　　E. 交通运输　　F. 教育

G. 金融保险　　H. 医疗卫生　　I. 政府机构

J. 学生　　K. 其他

5. 您的月均消费水平

A. 1000 元以下　　B. 1000～2000 元　　C. 2000～4000 元

D. 4000～6000 元　　E. 6000 元以上

6. 您使用快递的大多数场景为

A. 发件；公用　　B. 发件；私用　　C. 收件；公用

D. 收件；私用

7. 您所使用的快递业务类型多数为

A. 同城快递　　B. 异地快递　　C. 国际快递

8. 大多数情况下，您会使用快递邮寄哪种类型的物品

A. 文件资料类　　B. 信函类　　C. 小件包裹

D. 大件行李　　E. 其他

9. 您的快件通常的寄达目的地为

A. 发达城市（北上广）　　B. 省级市　　C. 地级市

D. 县级市　　E. 乡镇农村

10. 您每月平均使用快递的次数

A. 不使用　　B. 1～2 次　　C. 3～5 次

D. 6～10 次　　E. 10 次以上

11. 您是否使用过 EMS 快递寄件

A. 是　　B. 否

12. 如您未曾用过 EMS 快递，那么您经常用来寄件的快递是（如 11 题选“是”则不用回答本题）

A. 顺丰　　B. 圆通　　C. 韵达

D. 申通　　E. 宅急送　　F. 其他

第二部分　（EMS）快递公司客户感知价值调查

如您使用过 EMS 快递，请以 EMS 快递公司为基准回答以下问题，如您未使用过 EMS 则根据您上述最经常使用的快递公司为基准回答以下问题。

1. 该快递公司营业场所环境干净适宜

A. 不同意　　B. 比较不同意　　C. 一般

D. 比较同意　　E. 非常同意

2. 该快递公司工作人员着装统一、形象整洁

A. 不同意　　B. 比较不同意　　C. 一般

D. 比较同意　　E. 非常同意

3. 该快递公司具有先进的配送设施

A. 不同意　　B. 比较不同意　　C. 一般

D. 比较同意　　E. 非常同意

4. 该快递公司设备和用品上具有明显的企业标识

A. 不同意　　B. 比较不同意　　C. 一般

D. 比较同意　　E. 非常同意

5. 该快递公司的品牌标志给您印象深刻，具有很高的辨识度（转背面）

A. 不同意　　B. 比较不同意　　C. 一般

D. 比较同意　　E. 非常同意

6. 该快递公司的价格与发送距离相比价格合理

A. 不同意　　B. 比较不同意　　C. 一般

D. 比较同意　　E. 非常同意

7. 与同等水平的其他快递公司相比，该快递公司价格相对优惠

A. 不同意　　B. 比较不同意　　C. 一般

D. 比较同意　　E. 非常同意

8. 该快递公司超出首重的追加费用合理

A. 不同意　　B. 比较不同意　　C. 一般

D. 比较同意　　E. 非常同意

9. 该快递公司对于物品包装等附加费用设置合理

A. 不同意　　B. 比较不同意　　C. 一般

D. 比较同意　　E. 非常同意

10. 该快递公司对贵重物品收取的保价费用合理

A. 不同意　　B. 比较不同意　　C. 一般

D. 比较同意　　E. 非常同意

11. 该快递公司配送范围很广，能满足您对不同地域的邮寄需求

A. 不同意　　B. 比较不同意　　C. 一般

D. 比较同意　　E. 非常同意

12. 该快递公司的营业网点分布广泛，能够很便利地邮寄物品

A. 不同意　　B. 比较不同意　　C. 一般

D. 比较同意　　E. 非常同意

13. 该快递公司可以上门取件，服务到位

A. 不同意　　B. 比较不同意　　C. 一般

D. 比较同意　　E. 非常同意

14. 该快递公司邮寄的物品未曾出现丢失，损坏情况

A. 不同意　　B. 比较不同意　　C. 一般

D. 比较同意　　E. 非常同意

15. 该快递公司能将您的邮寄物品在指定时间内送达

A. 不同意　　B. 比较不同意　　C. 一般

D. 比较同意　　E. 非常同意

16. 该快递公司能够将您的物品准确送达指定地址

A. 不同意　　B. 比较不同意　　C. 一般

D. 比较同意　　E. 非常同意

17. 该快递公司能妥善配送特殊物品（如酒类、化学品、大件物品等）

A. 不同意　　B. 比较不同意　　C. 一般

D. 比较同意　　E. 非常同意

18. 该快递公司能够妥善配送贵重物品

A. 不同意　　B. 比较不同意　　C. 一般

D. 比较同意　　E. 非常同意

19. 该快递公司能很好地保障您的个人信息安全

A. 不同意　　B. 比较不同意　　C. 一般
D. 比较同意　　E. 非常同意

20. 该快递公司的工作人员服务态度亲切热情
A. 不同意　　B. 比较不同意　　C. 一般
D. 比较同意　　E. 非常同意

21. 该快递公司的工作人员能够与客户进行良好的业务沟通
A. 不同意　　B. 比较不同意　　C. 一般
D. 比较同意　　E. 非常同意

22. 该快递公司能够正确处理客户投诉，并给以客户满意答复
A. 不同意　　B. 比较不同意　　C. 一般
D. 比较同意　　E. 非常同意

23. 该快递公司的品牌宣传很到位，树立了良好的品牌形象
A. 不同意　　B. 比较不同意　　C. 一般
D. 比较同意　　E. 非常同意

24. 您会向家人和朋友推荐该快递公司
A. 不会推荐　　B. 不太乐意　　C. 一般
D. 比较乐意　　E. 非常乐意

25. 您对该快递公司总体服务的满意程度
A. 不满意　　B. 不太满意　　C. 一般
D. 比较满意　　E. 非常满意

26. 该公司提供的服务超出期待，您会继续选择这家快递公司
A. 不同意　　B. 比较不同意　　C. 一般
D. 比较同意　　E. 非常同意

附录 2
实验程序主要实现代码

```
//初始化各个代理及相关变量------------------
startUp( defaultSeed ) {
  seed( defaultSeed );

  // 初始化网商代理。
  [ create RAgent[ preRProfit: = ( InitialRetailPrice - InitialMarketsalePrice) * (weakCAgentNum + strongCAgentNum) * initialCapacity ] ];

// 分别初始化初始市场成交价格、给零售赋予初始零售价格。
  retailPrice: = InitialRetailPrice;
  marketsalePrice: = InitialMarketsalePrice;
  }


};
//计算快递与网商代理的利润水平及设计交互行为
 ------------------------------

   * 按照快递企业利润模型,计算 Coureir Agent 的利润。
   */
     curCProfit =
```

```
(totalCapacity > demand)
  = > ( marketsalePrice  -  cost ) * ( Capacity / totalCapacity )
* demand
      - cost * Capacity(1 - demand / totalCapacity)
otherwise
 = >(marketsalePrice - cost) * Capacity;

/ * *
 * Coureir Agent 根据利润来调整产能。
 */
adjustCapacity =
  (curCProfit > = preCProfit and curCProfit > 0)
     = > Capacity: = Capacity + rint(gaussian(riskPreferenceR-
ate,1) * capacityIncrement)
  otherwise
     = > Capacity: = Capacity - rint(gaussian(riskPreferenceR-
ate,1) * capacityIncrement);
}

/ * *
  * 网商代理 E-retailing Agent 在本研究中,网商代理可以通过调
整市场成交价和电商零售价格来使自身利润最大化。 * 计算网商的利润。
   curRProfit =
   (totalCapacity > demand)
 = >demand * (retailPrice - marketsalePrice)
   otherwise
 = >(retailPrice - marketsalePrice) * totalCapacity;
 / * *
```

参考文献

［1］国家邮政局公布 2018 年邮政行业运行情况［EB/OL］. http：//www. gov. cn/shuju/2019 －01/16/content_ 5358283. htm.

［2］2008 ~ 2018 年国家邮政行业运行情况［EB/OL］. http：//www. spb. gov. cn/xytj/tjx.

［3］2017 年上市民营快递巨头增至 7 家 顺丰稳居“盈利王”［OE/OL］. 证券日报，http：//tech. 163. com/17/1228/07/D6NQ7 MVN00097U7R. html，2017 －12 －28.

［4］推进快递与网络零售联动发展［EB/OL］. http：//www. cnr. cn/2012zt/qglh2012/lhyw/201203/t20120307_ 509254482. shtml.

［5］国家邮政局发布《快递服务》邮政行业标准（全文）［EB/OL］. http：//www. gov. cn/gzdt/2007 －09/21/content_ 757900. htm.

［6］国家质检总局、国家标准委批准发布《快递服务》国家标准［EB/OL］. http：//www. spb. gov. cn/folder108/folder2615/folder2617/2012/02/2012 －02 －27106588. html.

［7］2019 年 2 月中国快递发展指数报告［EB/OL］. http：//www. gov. cn/xinwen/2019 －03/06/content_ 5371224. htm.

［8］周兴国．我国民营快递业发展研究［D］．华中科技大学，2012.

［9］Moore J F. The death of competition：leadership and strategy in the age of business ecosystems［M］. New York：HarperBusiness，1996.

［10］McGrath R G，MacMillan I C. Marketbusting：Strategies for exceptional business growth [J]. Harvard Business Review, 2005, 82 (3): 80 - 89.

[11] 宋阳. 基于商业生态系统的中小企业成长机制研究 [D]. 中国矿业大学, 2009.

[12] 梁嘉骅等. 企业生态与企业发展[J]. 管理科学学报, 2002 (2).

[13] 欧文·拉兹洛, 克里斯托弗·拉兹洛. 管理的新思维: 第三代管理思想 [M]. 北京: 社会科学文献出版社, 2001.

[14] 李晓晨, 李宗浩, 梁强. 休闲体育产业生态系统分析与竞争战略选择[J]. 北京体育大学学报, 2009, 32 (3): 25 - 28.

[15] 聂永有, 张晋华. 上海市商业生态系统演化路径分析[J]. 现代管理科学, 2011 (12): 64 - 66.

[16] 李春青. 企业战略管理新范式探索[J]. 企业经济, 2003 (11).

[17] 李强, 揭筱纹. 商业生态系统网络核心企业价值评价研究——基于华为和中兴的对比分析[J]. 科技进步与对策, 2012, 29 (4): 824 - 830.

[18] 肖红军, 李平. 平台型企业社会责任的生态化治理[J]. 管理世界, 2019, 35 (4): 120 - 144, 196.

[19] R Gulati, et al. Strategic Networks [J]. Strategic Management Journal, 2000 (21).

[20] 梅强, 张兵, 李文元. 战略性新兴产业创新生态系统风险控制机制研究——基于企业的视角[J]. 企业经济, 2013 (2): 23 - 26.

[21] 樊霞, 贾建林, 孟洋仪. 创新生态系统研究领域发展与演化分析[J]. 管理学报, 2018, 15 (1): 151 - 158.

[22] 梁春晓. 电子商务生态研究展望[EB/OL]. http: //www. es-center. org. cn/newsview. asp? id = 66.

[23] 胡岗岚. 平台型电子商务生态系统及其自组织机理研究 [D].

复旦大学，2010.

[24] 司林胜，王凌晖．电子商务生态系统的系统特征及其优势[J]. 中国管理信息化，2010 (2)：101 – 104.

[25] Assadourian E. Global economic growth continues at expense of ecological systems [J]. Vital Signs, 2009：66 – 68.

[26] 王耀德，许其彬．电子商务价值生态系统的构建[J]. 技术经济与管理研究，2018 (2)：64 – 69.

[27] 刘雷．电子商务生态系统演进的影响因素探析[J]. 现代商贸工业，2010，22 (5)：285 – 286.

[28] 任今方．电子商务生态系统及其可持续发展研究[J]. 长春理工大学学报（高教版），2010，5 (2)：53 – 54.

[29] 叶秀敏．电子商务生态系统研究 [M]．北京：社会科学文献出版社，2010.

[30] 雷兵．网络零售生态系统种群成长的系统动力学分析[J]. 管理评论，2017，29 (6)：152 – 164.

[31] 康德．判断力批判 [M]．北京：人民出版社，2004：223.

[32] 哈肯．协同学导论 [M]．张纪岳，郭治安译．西安：西北大学出版社，1981.

[33] 曾国屏．走向综合的系统科学——开创复杂性研究的新学科 [J]．系统辩证学学报，1994 (4)．

[34] Allenby B R. The greening of industrial ecosystems [M]. National Academies Press, 1994.

[35] Lichtenstein, Benyamin. A Self – organization theory of radical entrepreneuship [J]. Academy of Management Proceedings, 2004 (1)：1 – 6.

[36] Eremy Howells. Intermediation and the role of intermediaries in innovation [J]. ResearchPolicy, 2006 (35)：715 – 728.

[37] Buijs, Jean Marie. Understanding connective capacity of program management from a Self – organization perspective [J]. Emergence：Complexity

Organization，2010（12）：29－38.

［38］陈娟．科技资源共享系统自组织运行机制研究［D］．哈尔滨工业大学，2011.

［39］乌杰．关于自组（织）涌现哲学［J］．系统科学学报，2012，20（3）：1－6.

［40］李政．基于自组织理论的高等教育系统演进发展研究［J］．求实，2012（1）：254－256.

［41］苗成林，冯俊文，孙丽艳，马蕾．基于协同理论和自组织理论的企业能力系统演化模型［J］．南京理工大学学报，2013，37（1）：192－198.

［42］寇楠楠，姚新中．基于自组织系统理论的环境伦理观［J］．中国人民大学学报，2015，29（6）：75－82.

［43］徐国志．系统科学［M］．上海：上海科技教育出版社，2000.

［44］方美琪，张树人．复杂系统建模与仿真［M］．北京：中国人民大学出版社，2011.

［45］钱学森．一个科学新领域——开放的复杂巨系统及其方法论［J］．城市发展研究，2006，12（5）：1－8.

［46］霍兰．隐秩序［M］．周晓牧，韩晖译．上海：上海科技教育出版社，2000.

［47］盛昭瀚，张维．管理科学研究中的计算实验方法［J］．管理科学学报，2011（5）．

［48］Tay N S P，Lusch R F. Agent－based modeling of ambidextrous organizations：Virtualizing competitive strategy［J］. Intelligent Systems，IEEE，2007，22（5）：50－57.

［49］Amin Massoud，Dan Ballard. Defining new markets for intelligent agents［J］. IT Professional，2000，2（4）：29－35.

［50］孙冰，袭希．知识密集型产业技术的适应性演化研究——基于Kene视角的仿真探索［J］．科学学研究，2012，30（8）：1272－1280.

［51］白世贞，郑小京．供应链复杂自适应系统资源流涌现的研究［M］．北京：科学出版社，2008.

［52］Cynthia Taylor Small. An enterprise knowledge－sharing model：A complex adaptive systems perspective on improvement in knowledge sharing［D］. George Mason University，2005.

［53］宋新平，梅强，王秀红．基于 CAS 与动态竞争优势集成理论的中小企业竞争情报系统［J］. 情报理论与实践，2010（2）.

［54］张立斌，钟复平．基于 CAS 视角的领导理论［J］. 中国软科学，2011（S1）.

［55］李秋迪，左美云，周军杰．基于复杂适应系统理论的电子商务企业 IT 能力研究［J］. 管理学报，2013，10（9）：1352－1361.

［56］周霞，毕添宇，丁锐，荣玥芳，孙立，马文琳．雄安新区韧性社区建设策略——基于复杂适应系统理论的研究［J］. 城市发展研究，2019，26（3）：108－115.

［57］Desrochers P. Industrial symbiosis：The case for market coordination［J］. Journal of Cleaner Production，2004，12（8）：1099－1110.

［58］程大涛．基于共生理论的企业集群组织研究［D］．浙江大学，2003.

［59］陶永宏．基于共生理论的船舶产业集群形成机理与发展演变研究［D］．南京理工大学，2005.

［60］刘明广．区域产业集群的共生演化模型及实证研究［J］. 科技管理研究，2012，32（22）：193－197.

［61］何炳华．基于社会网络分析的集群供应链资本、知识发展能力与创新绩效研究［D］．上海大学，2013.

［62］张珊红．基于共生理论的供应链合作利益分配机制研究［D］．中国海洋大学，2008.

［63］袁纯清．金融共生理论与城市商业银行改革［M］．北京：商务印书馆，2002.

[64] 冯银虎，薛阳．基于共生营销理论视角下中国乳品企业竞合战略研究[J]. 北京工业大学学报（社会科学版），2013，13（3）：28－38.

[65] 胡守钧．社会共生论［M］．上海：复旦大学出版社，2006.

[66] 杨玲丽．共生理论在社会科学领域的应用[J]. 社会科学论坛，2010（16）：149－157.

[67] Frosch R A，Gallopoulos N E. Strategies for manufacturing [J]. Scientific American，1989，261（3）：144－152.

[68] Lenzen M，Treloar G. Embodied energy in buildings：Wood versus concrete－reply to Börjesson and Gustavsson [J]. Energy policy，2002，30（3）：249－255.

[69] Chertow M R. Industrial symbiosis：Literature and taxonomy [J]. Annual review of energy and the environment，2000，25（1）：313－337.

[70] Ruth M. Mensch and mesh [J]. Journal of Industrial Ecology，1998，2（2）：13－22.

[71] 胡晓鹏，李庆科．生产性服务业与制造业共生关系研究——对苏、浙、沪投入产出表的动态比较[J]. 数量经济技术经济研究，2009（2）：33－46.

[72] 岳宇君．我国三网融合的多视角解读［D］．北京邮电大学，2013.

[73] Hakansson H. Industrial technological development：A network approach [M]. London：Croom Helm，1987.

[74] Van Berkel R，Fujita T，Hashimoto S，et al. Industrial and urban symbiosis in Japan：Analysis of the Eco－Town program 1997～2006 [J]. Journal of Environmental Management，2009，90（3）：1544－1556.

[75] 徐学军，冯骥龙，何来刚．基于交易成本的制造业与生产服务业共生模式[J]. 科技管理研究，2007，27（9）：171－173.

[76] 于斌斌，胡汉辉．产业集群与城市化共生演化的机制与路径——基于制造业与服务业互动关系的视角[J]. 科学学与科学技术管理，

2014 (3): 58 - 68.

[77] 王晓红，王传荣．产业转型条件的制造业与服务业融合[J]. 产业经济，2013 (9): 40 - 47.

[78] Desrochers P. Cities and industrial symbiosis: Some historical perspectives and policy implications [J]. Journal of industrial ecology, 2001, 5 (4): 29 - 44.

[79] 朱玉强，齐振宏，方丽丽．工业共生理论的研究述评[J]. 工业技术经济，2008, 26 (12): 91 - 94.

[80] 刘英基．我国产业高端化的协同创新驱动研究——基于产业共生网络的视角[J]. 中国地质大学学报（社会科学版），2013, 12 (6): 125 - 135.

[81] 吴金玉，胡斌，杨坤．技术创新网络的一个知识协同模型：共生理论与协同学的融合视角[J]. 科技管理研究，2019, 39 (4): 85 - 91.

[82] Stilgoe J R. Train time: Railroads and the imminent reshaping of the United States landscape [M]. University of Virginia Press, 2007.

[83] Goodovitch T. A theory of air transport development [J]. Transportation Planning and Technology, 1996, 20 (1): 1 - 13.

[84] Shaw S L. Hub structures of major US passenger airlines [J]. Journal of Transport Geography, 1993, 1 (1): 47 - 58.

[85] Elhedhli S, Hu F X. Hub - and - spoke network design with congestion [J]. Computers & Operations Research, 2005, 32 (6): 1615 - 1632.

[86] Armacost A P, Barnhart C, Ware K A. Composite variable formulations for express shipment service network design [J]. Transportation Science, 2002, 36 (1): 1 - 20.

[87] Amini M M, Retzlaff - Roberts D, Bienstock C C. Designing a reverse logistics operation for short cycle time repair services [J]. International Journal of Production Economics, 2005, 96 (3): 367 - 380.

[88] Marcel Kunkel, Christian Doppstadt, Michael Schwind. Open service -

oriented computing for logistics: A case in courier, express and parcel networks [J]. Lecture Notes in Computer Science, 2010 (1).

[89] Bergsten C Fred. The united states and the World Economy: Foreign economic policy for the next decade [M]. Peterson Institute, 2005.

[90] Sokol D D. Express delivery and the postal sector in the context of public secto anti - competitive practices [J]. Nw. J. Int'l L. & Bus., 2002 (23): 353.

[91] 中金企信研究中心. 2012～2017年中国快运快递行业市场发展现状及投资前景分析预测报告 [R]. 2012.

[92] 徐希燕. 中国快递产业发展研究报告 [M]. 北京: 中国社会科学出版社, 2009.

[93] 国家邮政局. 快递业务概论 [M]. 北京: 人民交通出版社, 2011.

[94] 高斌, 陶伯刚. 快递服务概论 [M]. 北京: 人民邮电出版社. 2013.

[95] 董莉. 我国快递业发展问题的研究 [D]. 大连海事大学, 2003.

[96] 李刚. 我国快递业发展趋势分析[J]. 物流工程与管理, 2010, 4 (5).

[97] 张国红. 基于灰色关联模型的我国民营快递企业竞争力研究 [D]. 东北财经大学, 2012.

[98] 北京交通大学课题组. 快递业发展的有关问题研究 [R]. 2013.

[99] 林颖娟. 基于个人消费的快递市场需求结构研究 [D]. 中南大学, 2008.

[100] 杨帆. FDI进入对中国快递业市场结构发展的影响 [D]. 北京交通大学, 2012.

[101] 黄伟. 邮政EMS快递市场竞争策略研究 [D]. 北京邮电大

学，2008.

［102］侯丹．中国民营快递企业核心竞争力研究［D］．上海交通大学，2010.

［103］朱敏．快递企业间协作的收益分配问题研究［D］．北京交通大学，2009.

［104］余庆．晨希快递公司顾客满意度测评及提升研究［D］．中南大学，2012.

［105］张启波．基于服务质量的快递企业服务定价［D］．大连海事大学，2012.

［106］谢逢洁，崔文田，武小平．快递产业竞争关系网络模型构建及结构特性分析[J]. 系统工程，2017，35（7）：101－106.

［107］张哲辉．快递企业国内服务网点布局研究［D］．大连海事大学，2005.

［108］匡旭娟．演化视角的快递网络形态研究［D］．北京交通大学，2008.

［109］李炳会．快递企业多点配送线网模型优化相关理论与方法的研究［D］．同济大学，2008.

［110］张生润．基于 GIS 的快递网络系统研究［D］．北京交通大学，2009.

［111］赵彬．快递企业网点布局与优化研究［D］．重庆交通大学，2011.

［112］张祚，卢新海，罗翔，周敏，陈昆仑．互联网经济下城市社区快递投送点空间形态与空间联系——基于大学校园的实例分析[J]. 中国软科学，2018（3）：86－96.

［113］魏莹．我国快递业公平竞争环境的研究［D］．对外经济贸易大学，2007.

［114］吴传岭，施国洪．促进快递业发展的税收政策分析[J]. 统计与决策，2010（12）．

[115] 赵馨 . 中国快递产业监管体系研究 [D] . 武汉理工大学，2009.

[116] 杜超 . 快递业监管法律制度研究 [D] . 山西大学，2010.

[117] 程萌 . 我国快递业服务质量规制研究 [D] . 辽宁大学，2013.

[118] 关姝颖 . 国际快递企业区域精益管理 [D] . 上海交通大学，2008.

[119] 刘毅 . 基于数据挖掘技术的快递业务管理信息系统规划研究 [D] . 上海交通大学，2008.

[120] 张庆 . 基于 GIS 与数据挖掘的快递商务系统研究 [D] . 武汉理工大学，2009.

[121] 萨茹拉 . 民营快递服务顾客满意度研究 [D] . 北京交通大学，2010.

[122] 王倩，张旭凤 . 基于系统动力学的同城快递运营系统模型研究 [J]. 物流技术，2010 (10) .

[123] 萧璿 . 基于产业链视角的快递业技术发展研究 [D] . 北京邮电大学，2011.

[124] 杜艳 . 我国快递业对国民经济增长作用机制研究 [D] . 北京邮电大学，2013.

[125] 郑文，王倩 . 基于有限理性的快递服务商行为策略选择[J]. 华东交通大学学报，2016，33 (6)：65 – 71.

[126] Haul Lee，Seungin Wang. Winning the last mile of E – commerce [M] . McGraw – Hill Companies，Inc，2002.

[127] EWT Ngai，FKT Wat. A literature review and classification of electronic commerce research [J]. Information & Management，2002 (39)：416 – 428.

[128] 汤浅和夫 . IT 物流 [M] . 上海：文汇出版社，2002.

[129] Tennessee State University，Research of TPL [J]. Journal of business，2003 (1)：10 – 18.

［130］ Frohlich M T，Westbrook R. Arcs of integration：an international study of supply chain strategies［J］. Journal of Operations Management，2001，19（2）：185－200.

［131］ Tuan Nguyen Trong，Phuong phan thi khanh. the influence of e－commerce for third－party logistics［D］. Jonkoping International Business School Jongkping University，2012.

［132］ Chaffey D. E－business and E－commerce management：Strategy，implementation and practice［M］. Pearson Education，2007.

［133］ Canhong LIN，Choy，K L，Lam，H Y，David W，Wong C A. Web－based intelligent collaborative logistics management decision support system for enhancing the cost eff ectiveness of door－to－door delivery［M］. The Hong Kong Polytechnic University，2012.

［134］ 刘满成，曹学庆. 协同化物流与电子商务［J］. 经济师，2003（10）：110－111.

［135］ 孙瑞者，黄辉. C2C电子商务物流发展的新模式探讨［J］. 物流科技，2009（12）：16－18.

［136］ 李莎. 电子商务与快递行业协同发展研究［D］. 北京邮电大学，2010.

［137］ 杨驭越. 电子商务与民营快递物流共赢发展模式研究［D］. 大连海事大学，2012.

［138］ 罗琼. 电子商务与快递行业供应链协同发展研究［D］. 重庆交通大学，2013.

［139］ 孔令夷. 基于电子商务的协同供应链管理研究述评［J］. 山东工商学院学报，2013，27（1）：77－82.

［140］ 武淑萍，于宝琴. 电子商务与快递物流协同发展路径研究［J］. 管理评论，2016，28（7）：93－101.

［141］ 孙浩，薛霄. 基于多Agent建模的电子商务生态系统演化实验研究［J］. 计算机工程，2016，42（7）：27－32，41.

［142］薛霄，刘东华，扣彦敏，孙浩，桂彬．电子商务服务运行机制的计算模型研究[J]．小型微型计算机系统，2017，38（2）：340－345.

［143］曾佑新，聂改改．电子商务与快递物流发展的协调度研究——基于距离协调度模型[J]．江南大学学报（人文社会科学版），2016，15（4）：76－82.

［144］梁雯，柴亚丽．我国电子商务与快递物流协同发展路径研究[J]．湖南社会科学，2018（5）：141－148.

［145］纪淑娴．企业集群信任机制的分析[J]．管理现代化，2005（4）：16－18.

［146］Bernstein F，Federgreun A. Pricing and replenishment strategies in a distribution system with competing retailers [J]. Operations Research，2003，51（3）：409－426.

［147］Satyaveer S. Chauhan，Jean－Marier Proth. Analysis of supply chain partnership with revenue sharing [J]. International Journal of Production Economics. 2005（9）：44－51.

［148］蒋国俊，蒋明新．产业链理论及其稳定机制研究[J]．重庆大学学报（社会科学版），2004，10（1）：36－38.

［149］张鹏利．基于产业链的电子商务研究［D］．江南大学，2008.

［150］巩永华，李帮义，公彦德．捆绑销售下产业链价格决策、利益分配机制及效率分析——以移动互联网为例[J]．系统管理学报，2011（5）：557－562.

［151］田厚平，郭亚军，刘长贤．分销系统中的多主多从 Stackelberg 主从对策问题研究[J]．管理工程学报，2005，19（4）：74－78.

［152］叶飞，李怡娜．基于 Stacklberg 模型与 Nash 协商模型的供应链回购契约机制研究[J]．管理工程学报，2007，21（3）：39－43.

［153］温阳．基于博弈论的生态供应链利益分配研究［D］．北京交通大学，2011.

［154］杜志平，韩冰．基于系统动力学的供应链利益分配模型研究

[J]. 中国商贸，2013（32）：149－151.

[155] 余建军，张宁宁，林瀚. 基于 Shapely 修正的电商物流企业联盟利益分配研究[J]. 管理现代化，2018，38（2）：44－48.

[156] 周永圣，曲冲冲，李伯昊，刘淑芹，王珏. 基于 Shapley 值法的快递自提补贴价格研究[J]. 系统工程理论与实践，2018，38（3）：687－695.

[157] 国家邮政局. 2017 年中国快递市场监管报告[EB/OL]. http：//www. spb. gov. cn/zf/kdscjg/.

[158] 艾瑞咨询. 京东快递增量难寻[EB/OL]. http：//news. iresearch. cn/content/201904/288863. shtml.

[159] 京东物流与顺丰的正面对抗[EB/OL]. IT 时报，http：//news. iresearch. cn/content/201904/288518. shtml.

[160] 冯燕劳. 探究当前快递行业涨价的原因[J]. 价格理论与实践，2011（11）.

[161] 高鸿业等. 西方经济学（微观部分）[M]. 北京：中国人民大学出版社，2007.

[162] 张维迎. 博弈论与信息经济学 [M]. 上海：三联书店，上海人民出版社，2004.

[163] 罗云辉，夏大慰. 市场经济中过度竞争存在性的理论基础[J]. 经济科学，2002（4）.

[164] Basu N，Pryor R J，Quint T，Arnold T. ASPEN：A microsimulation model of the economy [M]. Sandia Report－SAND，1996.

[165] Shapiro Carl. Theories of oligopoly behavior [M]. Handbook of Industrial Organization，Volume 1，Elsevier Science Publishers，1989.

[166] 网商打压恶性竞争致快递业倒挂 [EB/OL]. http：//www. chinanews. com/cj/2011/02－11/2836892. shtml.

[167] 张军. 计算实验在社会科学研究中的作用[J]. 实验室研究与探索，2009（5）.

[168] AITIA International Inc. Functional Agent – Based Language for Simulation User Guide [Z]. Budapest, 2008.

[169] Yang Wensheng, Zhang Jing, Li Li, Shen Zhaohan. Buyback contract modeling and analyzing with multiple loss – averse distributors [J]. International Journal of Information Technology and Management Research, 2009, 1 (1).

[170] Cachon G P. Supply chain coordination with contracts [J]. Handbooks in Operations Research and Management Science, 2003 (11): 227 – 339.

[171] AITIA International Inc. Tutorial Fables implementation of Game of Life [Z]. Budapest, 2008.

[172] 郑秀峰. 企业种群生态系统研究 [M]. 北京：中国经济出版社，2008.

[173] Mirata Murat, Tareq Emtairah. Industrial symbiosis networks and the contribution to environmental innovation: The case of the Landskrona industrial symbiosis programme [J]. Journal of Cleaner Production, 2005, 13 (10): 993 – 1002.

[174] 高长元，杜鹏. 高技术虚拟产业集群成员企业合作竞争与知识创新的关系研究[J]. 管理学报，2010，7 (2)：212 – 217.

[175] 曹如中，郭华，李丹. 合作竞争环境下企业竞争情报战略联盟研究[J]. 情报理论与实践，2013，36 (3)：6 – 10.

[176] 鞠鹏. 移动互联网产业链竞争合作研究——基于运营商视角 [D]. 南京邮电大学，2012.

[177] 唐强荣，徐学军. 基于共生理论的生产性服务企业与制造企业合作关系的实证研究[J]. 工业技术经济，2008 (12)：81 – 83.

[178] 陈飞. 基于自组织理论的电信产业系统演化发展研究 [D]. 北京邮电大学，2009.

[179] 王闽. 基于 Lotka – Volterra 模型的股东种群共生性分析[J]. 统

计与决策，2013（9）.

［180］兰月新，曾润喜．基于 Lotka－Volterra 的微博群体竞争模型［J］. 情报杂志，2013（7）.

［181］秦智聃，陈章跃．我国快递终端配送的困惑与未来［J］. 电子商务，2019（1）：6－8，29.

［182］徐天亮．运输与配送［M］．北京：中国物资出版社，2002.

［183］蔡元琦，顾帆．基于多变量大数据的智能快递柜市场前景探析［J］. 邮政研究，2018，34（6）：18－21.

［184］刘斯会．通达系悉数退出丰巢 顺丰与菜鸟或暗战加剧［N］．证券日报，2018－06－21.

［185］艾瑞咨询．智能柜之争：快递柜持续出血，寄存柜日进斗金［EB/OL］. http：//column. iresearch. cn/b/201810/848180. shtml.

［186］林本慧．智能快递柜在我国的应用现状和前景分析．［J］纳税，2019，13（7）：291，294.

［187］刘明光．我国邮政普遍服务的现状、问题及对策［J］. 通信与信息技术，2002（6）.

［188］刘雅静．邮政普遍服务补偿机制亟待完善［J］. 中国国力观察，2009（3）.

［189］吴立峰，杨乃定，杨芳．邮政普遍服务成本测算研究［J］. 当代经济科学，2009（4）.

［190］郭宗杰．邮政普遍服务法律问题研究［J］．暨南学报（哲学社会科学版），2012（10）.

［191］Christian Jaag. Compensating the net costof universal postal services［J］. Swiss Economics Working Paper，2017，10（3）.

［192］A report prepared for the European Commission. Study on the principles used to calculate the net costs of the postal USO［R］. Frontier Economics Ltd，London. January 2013.

［193］张乃丽，王男男．日本与英、德国家邮政事业民营化改革比较

及启示[J]. 山东大学学报（哲学社会科学版），2012（2）.

[194] 每日经济新闻. 快递业江湖从"春秋"进入"战国"! 以后寄东西会更便宜吗? [EB/OL]. http: //www. ce. cn/cysc/newmain/yc/jsxw/201905/04/t20190504_ 31991571. shtml.

[195] 2008～2018年国家邮政行业运行情况[EB/OL]. http: //www. spb. gov. cn/xytj/tjx.

[196] 苑春荟，韩军涛. 我国邮政普遍服务基金征收问题探讨[J]. 生产力研究，2014（3）：143－147.